Für meine Mutter,
die für alles Verständnis hat.

Robert Steffen

Robby

Segler-Geschichten

STEFFEN-VERLAG
24109 Kiel, Lofotenweg 123

ISBN 3-00-000442-4 2. Auflage 1998

Satz + Gestaltung: Petra Brechetsbauer, Melsdorf
Zeichnungen: Jürgen Romahn, Kiel
Gesamtherstellung: Norddruck Neumann KG, Kiel

Inhaltsverzeichnis

Der zehnjährige Segler

Mit 10 Jahren hat man das richtige Alter, um am Ufer zu stehen und den Segelbooten nachzusehen. ”Mensch, haben die das gut. Das möchte ich auch. Warum hat mein Vater kein Boot?” Mit zehn weiß man nichts über wirtschaftliche Probleme der Eltern. Und noch viel weniger würde zu verstehen sein, daß es Menschen gibt, die nun überhaupt nichts mit dem Wasser zu tun haben wollen.

So liegt der Knabe abends in seinem Bett und stellt sich vor, es sei die Koje in einem Boot. In seiner Vorstellung schaukelt es gar ein wenig, und er hört Wind und Regen auf das Deck prasseln. Es ist zwar nur das Hausdach, aber was schadet das schon seinen Träumen?
Er liest mit Begeisterung die Bücher über die Reisen der großen Vollschiffe. Er liest über ferne Länder und das harte Leben an Bord. Aber halt, sind damals nicht schon zehnjährige von Daheim ausgerissen und haben als Schiffjungen angeheuert? Am Hafen aber sieht er keine Vollschiffe mehr und die alten Kapitäne, die noch leben, treffen sich gelegentlich als ”Kap Horniers”.
Mein Gott, was wäre das doch für ein Leben gewesen! Einfach ausreißen und weg .... Die Mutter würde

LISA

weinen, der Vater wäre wohl böse und die Schwestern würden das gar nicht merken. Aber er sieht nur Dampfer, und das ist nun nicht dasselbe, oder?
So sieht er jeder Yacht hinterher und die Großen kennt er schon, wie die Aschanti, die Irmi oder die Jucunda. Aber wenn er dann am O'Hafen steht, nimmt keiner Notiz von ihm. Die müssen doch sehen, wie gerne er nur einmal auf den Planken stehen würde! Nur ein einziges Mal! Aber es heißt nur: "Jung', mach' Platz, du stehst im Weg!" Er schleicht nach Hause – aber morgen, nach der Schule, wird er wieder da stehen.

Und eines Tages, wer weiß, wird er selber so ein Boot haben. Dann wird er auch 'mal einen kleinen Jungen am Hafen stehen sehen, und er wird ihn auffordern: "Na mien Jung, möchst du mol an Bord?"

Der zwanzigjährige Segler

Mit 20 Jahren hat der Knabe die Penne zu Ende besucht und hat sich dem Berufsleben zuzuwenden. Er hat in den Ferien gearbeitet und jede Mark gespart. So hat es, als er 16 Jahre alt war, zu einer kleinen Jolle gereicht. Gebraucht natürlich, aber noch ganz gut in Schuß. Wenn die Mutter nicht heimlich geholfen hätte, denn Vater war dagegen, es wäre nicht genug Geld dagewesen.

So ist denn erst der Kieler Hafen unsicher gemacht worden. In einen Verein ist er auch eingetreten, und hier mußte er mächtig viel lernen. Aber am liebsten ist er mit seinem Bruder mit dem Boot ohne Aufsicht unterwegs. Vor dem Bülker Leuchtturm oder an der Wendtorfer Schleuse und auch an der Ölpier in Mönkeberg konnten sie anlanden und ihr Zelt aufbauen. Ja, das durfte damals noch sein.
Er nahm auch schon gelegentlich eine kleine Freundin mit. Nicht zum Zelten und über Nacht, denn das durfte damals nicht sein.

Und dann kam endlich die große Reise. Mit wenig Freibord, wegen der Lebensmittel und der Zeltausrüstung, ging es mit dem kleinen Bruder in See. Die erste Nacht wird am Strand bei Marienfelde, hinter

Bülk, gezeltet. Der Westwind bläst und sie versuchen, die Eckernförder Bucht aufzukreuzen. Aber der Wind ist zu stark und die Wellen zu hoch. In Surendorf, kurz vor der Marinepier bauen sie ihr Zelt auf. Sie können kaum einschlafen, so rüttelt der Sturm an den Planen.
Aber gegen Morgen, so um 4.00 Uhr, da wird es ruhiger und schon ist alles eingepackt. Der Wind hat zurückgedreht. Die Gelegenheit ist günstig, und mit halbem Wind geht es quer über die Eckernförder Bucht. Eigentlich durften sie ja nicht, aber die Gelegenheit ist einfach zu günstig. Bei Boknis Eck machen sie ihren Landfall und ab geht es die Küste entlang in Richtung Nord. In Schleimünde wird das Zelt wieder aufgebaut und endlich scheint die Sonne. Was ist das doch für ein Leben mit einem Boot und so ganz ohne Sorgen und Verpflichtungen!

Von der Rücktour gibt es wenig zu berichten. Bei flauen Ostwinden und Hochdruckwetter, kehrt man mit gewaltigem Sonnenbrand und mit stolzer Brust zurück.
Was ist schon Kap Hoorn, wenn man so jung ist und das erste Mal in Schleimünde war?

Der dreißigjährige Segler

Mit 30 Jahren hat der brave Mann, so wie ihn die Eltern und der Finanzminister lieben, seine Ausbildung abgeschlossen und verdient schon ein gutes Gehalt. Er hat auch, so wie ihn die Eltern und der Arbeitsminister (wegen der Rente) lieben, eine Ehe geschlossen und zwei Kinder in die Welt gesetzt. Die Familie ist komplett.

Während seiner beruflichen Erfolge und wegen der Frau und der Kinder, sind seine Bootsgedanken in den Hintergrund gedrängt worden. Aber eben nur verdrängt, vergessen hat er sie nie!
Die alte Jolle liegt auch noch bei den Eltern im Schuppen. Schweren Herzens trennt er sich davon, nachdem der Vater irgendwas von verschrotten oder so hat verlauten lassen. Das Ding war halt im Weg. Das Namensschild hat er noch schnell abgebaut und ganz unten im Schreibtisch versteckt. Alles kann weg, aber dieses Stück mußte erhalten bleiben.

Wenn der Vater gewußt hätte, was er mit seiner Maßnahme in Bewegung gesetzt hat, er hätte die alte Jolle liegengelassen. Jetzt hat er eine Lunte gezündet, und es ist nur eine Frage der Zeit, wann es zur Explosion kommt. Dieser Mann und ohne Boot, das geht ja wohl nicht!

Vorerst wird ganz langsam die liebende Ehefrau vorbereitet. Da sie ihn liebt und ganz nett ist, hört sie ihm zu. Sie weiß ja noch nicht, was auf sie zukommt! Jedenfalls findet sie es auch ganz toll, wenn die Kinder in der Seeluft den Sommer verbringen und Schwimmen gehen. Die Wochenendgestaltung ist damit auch gleich geregelt. Man weiß ja dann, wo es hingehen kann.
Bootsausstellungen werden besucht. Der Gebrauchtmarkt wird studiert. Vier Kojen muß das Boot haben, ohne Umbauen, versteht sich. Die Pantry muß Platz haben, und eine Toilette muß es auch haben. Schon liegt der Forderungskatalog der liebenden Ehefrau vor.

Unser 30jähriger ist von einer besonderen Geisteskrankheit befallen, seit er sieht, daß sein Traum sich verwirklichen läßt. Letzten Endes macht er zu dem Ersparten noch einen ganzen Batzen Schulden, und dann liegt sie da, die schmucke Yacht. Es gibt, findet er, keine Schönere als sein Boot – seine "Lisa".
Fortan ist die liebende Ehefrau die Nummer Zwei und an Wochenenden kann man nicht, nein, man muß zum Boot. Was heißt hier 'kalt' oder 'schlechtes Wetter'? Seine Kindheit hat ihn eingeholt.

Der vierzigjährige Segler

Mit 40 hat unser Mann, trotz oder gerade wegen seiner Segelei, Karriere gemacht. Der Aufenthalt an der frischen Luft hat ihn fit gehalten. Seine Familie und die Lisa haben ihn in Trab gehalten.
Die Reihenfolge ist nur falsch – erst die "Lisa". Die hat ihn ganz schön gefordert. Er mußte schon beruflich aufsteigen, denn die alte Lisa wurde eines Tages verkauft. Die Kinder waren größer geworden, und die Pantry war auch nicht mehr groß genug. Also, nach vielen Geburtswehen ist eine neue Lisa da.

Ehen von Seglern halten entweder gar nicht, weil die Frau die Flucht ergreift und sich einen neuen Mann in den Bergen sucht. Wo sie fortan in den Höhen kraxelt und in kalten Hütten nächtigen wird! Oder sie bleibt im Lande und bekommt das Sorgerecht für die Kinder. Vom Anwalt verlangt sie nur, daß der Mann finanziell so zu Boden zu bringen ist, daß er sein Boot verkaufen muß. Wenn das eintritt, ist die Ehefrau in Lebensgefahr. Wenn man einem Mann einen Teil seiner Seele nimmt, wird er unberechenbar.

Aber unser Mann hat eine immer noch liebende Ehefrau. Er wird seine Ehe nie in Gefahr bringen, denn neben seiner Mätresse Lisa und seiner Frau und den

Kindern, hat er keinen Platz und kein Geld für irgendwelche Ausflüge anderer Art. Allerdings kommt die "midlife crisis". Er selbst merkt davon am Allerwenigsten. Aber plötzlich hat er Lust, alles stehen und liegen zu lassen und um die Welt zu segeln. Auch seinen Beruf stellt er in Frage. Wenn Männer 40 Jahre alt werden, so ist das offenbar wie bei Frauen, wenn die 30 werden.

Unser Skipper hat einen starken Charakter. Niemals wird er seine Frau und die Kinder verlassen, um ein neues Leben zu führen. Sein Gefühl für Fairness läßt das einfach nicht zu.
Dann ist da noch etwas, was in den vielen Jahren des gemeinsamen Lebens entstanden ist: Freundschaft zwischen Mann und Frau und auch mit den Kindern. Sie alle haben gelernt, aufeinander angewiesen zu sein. Solche Crew verläßt doch freiwillig niemand. Man kann ihnen gratulieren.

Der fünfzigjährige Segler

Mit fünfzig wird die Segelei schon ein wenig anders.

Wenn die Kasse es ermöglicht hat, ist das Boot noch ein bißchen größer geworden. Die Reisen werden länger, aber genau so gerne bleibt man mal auf Anholt oder Läsö liegen.
Und dann kommt der Tag, an dem der Älteste auf einem anderen Schiff anmustert. Meistens ist dann da ein Segelfreund, der ausnahmsweise eine nette Schwester hat. Die Tochter schleppt dann eines Tages eine Freundin an, weil ja nun eine Koje frei ist. Eines Tages ist diese Freundin ein junger Mann. Die Crew ist wieder komplett, aber es will nicht so wie früher werden. Irgendwann hat die Tochter gelegentlich und dann immer öfter etwas anderes vor und kann leider nicht mitsegeln.
Die beruflichen Ziele sind erreicht und Papa ist auf der Höhe seiner Laufbahn; glaubt er jedenfalls und prüft schon einmal die Möglichkeiten der Frühpensionierung. Wäre doch toll, wenn man länger als die drei oder vier Wochen unterwegs sein könnte.

Da die Reisen länger werden und die Kinder endgültig abgemustert haben, wird das Boot mit einem Jugendfreund oder anderen Segelkameraden nach

Stockholm oder nach Kristiansand überführt, um dann mit der immer noch liebenden Ehefrau gemeinsam nach Hause gesegelt zu werden.
Am Wochenende segelt man mehr vor der Haustür und läuft abends den eigenen Liegeplatz an. Als Gegengewicht zu den Bootsurlauben, die dann natürlich kürzer sein müssen, werden Reisen nach Kanada, Teneriffa oder Mauritius gebucht. Vor allem die Bordfrau ist der Meinung, daß an jedem Wochenende und in jedem Urlaub nur Segeln doch reichlich einseitig sei. Im tiefsten Inneren, ganz unten verborgen, glaubt der Skipper das ja auch. Er wollte doch noch so viel! Nicht nur Segeln, obwohl das natürlich an erster Stelle steht, aber auch mit dem Motorrad durch Kanada oder einen Fußmarsch auf der chinesischen Mauer möchte er erleben.

Das alles ist nicht möglich, denn seine Mätresse, sein Boot, fordert zu viel. Eine neue Genua mit Rollreff und eine neue Heizung sind fällig. Also, in diesem Winter fliegt man 'pauschal' nach Teneriffa.

Der sechzigjährige Segler

Nun wird der Skipper sechzig Jahre alt. Der liebe Gott und seine Erbanlagen haben es möglich gemacht: er ist gesund.

Gerade die letzten 10 Jahre hat er schuften müssen, wie nie zuvor in seinem Leben. Er hat noch ein paar Stufen auf der Karriereleiter erklommen und sein Einkommen jedesmal verbessert. Die Kinder haben inzwischen eigene Boote. Die Bootsurlaube werden kürzer, nicht, daß er mehr Geld verbraucht, aber in der wenigen Zeit will er viel sehen und so segelt er, so er hat, mit einer Männercrew das Boot. Seine ihn immer noch liebende Ehefrau kommt 'erster Klasse' nachgereist und verschwindet auch schon einmal eher. Die weiten Törns über See mag sie nicht mehr. Er mault und sagt: "Da kann man sehen, wie Frauen schneller altern." Das mag richtig sein, aber in der Mehrzahl aller Fälle überleben sie ihre Männer um viele, viele Jahre.
Hierzu paßt die Geschichte, die irgend jemand erzählt hat: Drei Damen verschiedenen Alters sitzen beieinander und geraten darüber in Streit, wann denn wohl das Leben anfängt. Die 25jährige sagt, es sei doch völlig klar, beim Zeugungsakt und der dabei stattfindenden Befruchtung. Die 40jährige ist dage-

gen und plädiert für die Sekunde der Geburt. Da sagt die 60jährige: "Ihr habt beide keine Ahnung. Das Leben fängt an, wenn die Kinder aus dem Haus sind, das Boot verkauft und der Mann tot ist."
Nun, so muß es wohl nicht immer sein. Es ist legitim, daß auch eine Frau darüber nachdenkt, wie sie die kommenden Jahre verbringen möchte. Der Skipper natürlich auch. Es gibt welche, die nehmen sich jetzt ein junges Weib, setzen erneut Kinder in die Welt und hoffen, daß die Segelei und das Leben wieder so wird, wie vor 20 Jahren. Das nennen sie dann second life!

Unser Skipper tut das natürlich nicht. Er arrangiert sich mit seiner Bordfrau. Gönnen wir ihnen einige schöne Jahre.

Der pensionierte Segler

Der um die 62jährige Segler (auf ein Jahr älter oder jünger kommt es hier nicht an), trifft dann etwas, auf das er sich seit Jahrzehnten freut: den Ruhestand. Hurra, es ist geschafft, endlich!

Die nächsten Wochen tut er so, als wollte er nie mehr früh aufstehen. Aber täglich fährt er zum Boot ins Winterlager.
Es sollte darauf geachtet werden, daß Segler im Winter in den Ruhestand verabschiedet werden. Das ist so ungeheuer wichtig, weil doch das Boot für die lange Reise vorbereitet werden muß und er weiterhin eine Aufgabe hat. Er kauft Seekarten, erstellt Proviantlisten und studiert Hafenhandbücher und den Baedeker. Konserven und Bier werden auch schon mal im Sonderangebot erstanden. Man kann ja nie wissen .... Kurzum, der Skipper ist voll in Aktion. Was er bisher in der Firma geleistet hat, überträgt er jetzt auf sein Boot. Seine Frau mahnt das Malen der Küche und die Reparatur der Dachrinne an. Er ist aber für solcherlei Einreden taub und plant seine große Reise.

Dann, eines Tages, kommt der technische K.O. Eine Welt bricht zusammen! Seine ihn immer noch liebende Ehefrau will nicht mit. Ganz unbemerkt hat sie, seit die Kinder aus dem Haus sind, ihr eigenes Leben begonnen und sich ihren eigenen Freundeskreis aufgebaut. Das hat sich so ergeben. Was sollte sie denn auch tun, wenn der Mann täglich 12 oder 14 Stunden nicht im Hause ist? Solange nur die Wochenenden oder ein Urlaub freigehalten werden mußte, ließ sich alles regeln. Aber jetzt plötzlich soll sie alles aufgeben, was ihr Freude macht? Nein, das kann wohl niemand verlangen. Erst jetzt ist diese lange Ehe in Gefahr.

Nun muß sich die Freundschaft, nicht die Ehe bewähren. Finden die beiden eine für beide Seiten annehmbare Lösung? Erkennen die beiden das Problem überhaupt, oder kommt der Irma–Komplex zum Tragen?

Irma bekam sofort Rücken– und Nierenschmerzen, wenn sie an Bord war. Unterwegs, auf Segeltouren, ging es von Krankenhaus zu Krankenhaus und letztendlich mit dem Zug nach Hause. So ging es drei Jahre. Dann hat ihr Skipper sein Boot verkauft. Jetzt ist Irma geheilt und leitet eine Gymnastikabteilung im Turnverein. Ihr Mann sieht alt aus und schleicht nachts heimlich durch den Yachthafen.

Es gibt auch die andere Lösung: Die Frau geht nur noch ihren Dingen nach und der Skipper wird zum Einhandsegler. Welch' Glück für ihn, wenn das Boot dazu taugt und er fit ist. Viele schöne und freundliche Erlebnisse warten auf ihn, denn Einhandsegler werden gerne adoptiert. Zwar nur für ein Essen oder einen Drink, aber immerhin.

Viel schöner ist es, wenn Einigkeit herrscht, wenn man eine einvernehmliche Lösung findet. Es gibt nichts Schöneres, als ein älteres Ehepaar, das ganz ruhig und gelöst auf einem Boot seine Reisen macht. Und denkt daran: Es könnte verdammt bald zu Ende sein!

Mommark

Ein schöner Sommertag, die Lisa schiebt sich langsam in den Hafen von Mommark. Es ist schon Juni, und die ganze Crew – Vater, Mutter und zwei Kinder – freut sich auf das erste Bad. Aus Tradition muß das gerne in Mommark sein; vielleicht geht auch noch Schleimünde. Hinten in der Ecke, beim Fischer, gibt es einen Platz. Zum Glück, denn man kennt es ja, wenn alle Wetterberichte SW–Winde ansagen und die Crew liegt in den Kojen, dann dreht der Wind und dann, dann ist Mommark ein unerfreulicher Hafen. Es soll schon Bootsbesatzungen gegeben haben, die auf dem Campingplatz um Asyl nachgesucht und dann im Vorzelt geschlafen haben.

Die Lisa ist aufgeklart, das Badezeug ist angezogen und das Badefest soll losgehen. Nichts da! Ein älterer, sehr magerer Herr erscheint mit einer tollen Mütze auf dem Kopf. Er sieht sehr dienstlich aus. Aha, Hafengeld ist gefordert. Der Skipper bittet den Hafenmeister an Bord und bietet an: "Ein Øl, ein Snaps." Es verhandelt sich ja leichter, wenn man nett beieinander sitzt. "Ja, ja", ist die Antwort und schon sind die Gläser leer und der Hafenmeister geht von Bord.

Nach wenigen Minuten ist er wieder zurück und siehe da, er trägt eine andere tolle Mütze. Er kommt gleich an Bord: "Zollkontrolle". "Möchten Sie einen Snaps und ein Øl?" "Ja, ja" ,und schnell sind die Gläser leer. Der Skipper meint es auch immer sehr gut, gehen doch in die Gläser fast drei normale Schnäpse hinein. Der Zollkontrolleur geht von Bord. Nun endlich will auch der Skipper zum Strand, den die Crew schon erobert hat. Aber daraus wird vorerst nichts, denn mit leicht schaukelnden Bewegungen erscheint unser Mann, wieder mit einer neuen Mütze auf dem Haupt. Die sitzt schon ein wenig schief. "Paßkontrolle" ist angesagt. "Ein Snaps, ein Øl?" "Ja, ja". Meine Güte, wie viele Mützen hat er denn noch?

Die Lisa–Crew wird das nie erfahren. Neben dem Boot steht eine Dänin, nicht mit Mütze, sondern mit Kopftuch und die ist furchtbar zornig. So wurde der kleine Hafenmeister ziemlich unsanft aus dem Verkehr gezogen.

Erst im nächsten Jahr, zum Anbaden, war die Lisa wieder in Mommark. Der kleine Hafenmeister war auch wieder da. Er lehnte den Snaps und das Øl ab; alle hatten sich doch schon auf die Mützen gefreut. Aber er antwortete:" Ich rauche nicht, ich trinke nicht, ich habe nichts mit kleinen Mädchen, aber ich lüge ein bißchen!" Er war ein netter Kerl!

LISA

Die Bootsüberführungen

Irgendwann hat fast jeder Segler das Glück, ein neues Boot zu kaufen. Schon taucht die Frage auf, wie es denn wohl in den Heimathafen kommt. So es in Frankreich gebaut worden ist oder in Süddeutschland, löst das Problem ein großer LKW mit Tieflader. Der steht dann eines Tages, wenn die Werft den Kaufpreis empfangen hat, unter dem Kran. Das ebenfalls angereiste Personal stellt in wenigen Minuten den Mast, baut die Seereling auf, drückt dem neuen Eigner die Schlüssel in die Hand und weg sind der Tieflader und alle Monteure.
Der neue Eigner hat von der Einweisung kein Wort behalten. Er fährt erst einmal gegen einen Pfahl, weil die Schaltung genau anders herum betätigt werden muß, wie bei seinem alten Schiff. Diese Art der Übergabe wird immer mehr praktiziert und ist stillos.

Die Händler haben nicht begriffen, was der Käufer fühlt. Sie haben das Boot zu dem gemacht, was es in ihren Augen ist: eine Ware, die schnell, zu möglichst guten Preisen, unter die Kunden zu bringen ist. Irgendwann machen diese Leute ihren eigenen Markt kaputt. Wenn ein Boot nichts anderes mehr ist als ein Golfschläger oder ein Trampolin, wer soll dann noch so viel Geld dafür ausgeben? Die Autofabriken haben diesen Unfug ja schon geschafft. Aus dem ehedem freundlichen Familienmitglied "Auto", bei dem Frau und Kinder weinten, wenn es verkauft wurde, ist ein simpler, austauschbarer Gebrauchsgegenstand geworden. Fabrikat – egal, Farbe – egal, nur viel Geld für den Alten und wenig Zuzahlung ist gefragt. Und die dusseligen Marketingstrategen sind noch stolz auf das Ergebnis. Lediglich Daimler Benz, BMW und neuerdings Audi haben gelernt und liefern auch wieder im Werk aus.

Wie viel mehr Kultur hat die Übergabe eines neuen Schiffes in der Werft. Da, wo es gebaut wurde und jeder Bootsbauer auf das neue Werk stolz ist, da muß es übergeben werden. In Ruhe und von Fachleuten. Diesem Schiff muß nicht der Eigner eine Seele geben, die hat es schon.

Wenn noch etwas übersehen wurde, ist sofort eine Crew da, die das in Ordnung bringt. Probesegeln kann man auch, und so steht dem Überführungstörn nichts mehr im Wege.

Jetzt machen viele Eigner den Fehler, ihre Frauen mitzunehmen. Freunde, laßt das nach! Frauen haben auf Überführungsfahrten überhaupt nichts zu suchen! Bei der Übergabe in der Werft, da müssen sie dabei sein, denn der Eigner weiß doch bei den tollen Linien des neuen Schiffes nicht mehr, welche Gardinen bestellt wurden oder welche Polsterfarbe. Aber dann muß es so gemacht werden, daß die Ehefrau das Auto wieder nach Hause fährt, wie immer. Dann ist es ja auch noch verdammt kalt!

Auf dem Überführungstörn geht es meistens schon nach wenigen Seemeilen los. Der Motor bleibt stehen, weil irgendeine Schraube nicht fest sitzt oder der Filter von Spänen zugeklebt ist. Der Schlauch für das Abwasser aus der Spüle ist ohne Schelle, weil der Lehrling, der die anziehen sollte, zur Mittagspause gegangen war. Dafür hat ein anderer das Kabel der Selbststeueranlage an die Beleuchtung der Achterkajüte angeschlossen. Die arbeitet nur, wenn die Leselampen über den Kojen brennen. Ein anderer hat die Dichtungsmasse für ein Fenster vergessen und das neue Boot ist das einzige mit einem wassergekühlten Kleiderschrank. Dann stehen 20 cm Seewasser über dem Teppich, weil der Schlauch der Spüle abgerutscht ist. Die Heizung läuft natürlich auch nicht, weil niemand sie vorher ausprobiert hat. Da ist mehr Luft in der Leitung als Diesel.

Da der neue Eigner eine handverlesene Crew an Bord hat, ist das alles kein Problem. Alle Schäden werden schnell und ohne großes Gerede beseitigt. Schwierigkeiten bereitet lediglich die zu geringe Bierlast. In Grenå und in Marstal ist man die vergnügteste Crew im Hafen. Wenn dann das Boot im Heimathafen einläuft, heißt es nur: Ein tolles Schiff und eine prima Reise. Alle kleinen Reparaturen und Schwierigkeiten sind vergessen. Vergessen sind auch die drei sehr mißglückten Hafenmanöver des Skippers, bis er sich an das neue Boot und dessen Eigenheiten gewöhnt hatte.

Eine Frau würde das alles nie vergessen. Sie würde den neuen Eigner als Flasche ansehen, weil er ein halbfertiges Boot genommen hat. Bei jeder Fahrt würde sie wieder auf neue Schäden warten oder, was schlimmer wäre, das Schiff nie mehr betreten.

Nein, Frauen haben bei Überführungen von neuen Booten nicht dabei zu sein. Sie müssen ja auch daheim die Taufe vorbereiten.

Die Schlei

Die Schlei ist kein Fluß, das lernt man in der Schule. Was man nicht lernt und was die Lehrer, falls sie keine Segler sind, nicht wissen: Die Schlei hat kräftige Strömungen, zumindest zeitweise. Das lernt der Bootsneuling spätestens, wenn er versucht, in die quer zur Strömung angeordneten Liegeplätze des Arnisser Segelclubs in Kappeln, anzulegen. Ein ganz besonderes Vergnügen ist für die Zuschauer auch das Fangen der Tonnen in Schleimünde.

Stefan wollte in Kappeln an der Pier vor der Brücke anlegen und meinte, den Strom richtig eingeschätzt zu haben. Aber wie das oft so ist, es war zu knapp und er mußte an einem Fischkutter ein wenig abhalten. Das war aber nur sehr kurz möglich, denn ein Schäferhund schnappte mit kräftigem Gebiß nach seinen Händen. Hände also schnell weg und bums, mit der Scheuerleiste an den Kutter. Schon ist der Fischer neben dem Hund und schimpft sofort los: "Wohl verrückt geworden, gegen meinen frischgemalten Kutter fahren?" Antwort: "Wollt' ich ja nicht, aber wenn du einen Löwen an Deck laufen läßt, der nach allem schnappt!" Darauf der Fischer: "Hast wohl Angst, was? Dann gib mal die Leine her – mich beißt er nicht!"

Mal liegt die Lisa in Arnis direkt an der Schlei, der Wind heult, der Regen fällt waagerecht und kalt ist es auch. Da liegt ein alter Spitzgatter, mit einer blauen Plane total abgedeckt. Er war wohl sonst nicht mehr dicht zu kriegen. Ein Neuankömmling hat den Strom nicht berechnet und muß sein Boot von eben diesem Kahn freihalten. Nun macht der das nicht an den Wanten und mit den Händen! Nein, er nimmt einen Bootshaken und als Gegenlager nimmt er die Füße der Relingsstützen, die unter der Plane zu sehen sind. Plötzlich wird achtern ein Teil der Plane zurückgeschlagen, ein Kopf mit verschlafenem Gesicht, wirrem Haar und prächtigem Vollbart schiebt sich durch die Öffnung, und wütend brüllt er los: "Wohl verrückt geworden! Mit der Mistforke mein Boot bearbeiten - Sauhund!" Kopf zurück, Plane zu, der Verursacher dieses Auftritts in Richtung Lindaunis weg, und die Lisa-Crew brüllte vor Lachen.

Woraus man wieder sehen kann, daß der Strom auf der Schlei auch seine Freuden haben kann.

Die Zollkontrolle

Anfang der 60er Jahre läuft die Lisa in Sonderburg ein und macht bei Mutter Tingleff fest.

Eine Saison, in der nicht mit Mutter Tingleff geklönt und dort nicht eingekauft wurde, die gab es gar nicht. Stefan weiß nicht recht, aber sie hat immer so getan, als ob sie ihn und seine Crew genau kannte. Das Sortiment war eigentlich nicht immer frisch, aber die Preise waren dann auch schon alt und damit niedrig. Es gab alles, ob es für die Verpflegung nötig war oder eine neue Leine oder einen neuen Isländer Pullover. Dabei war Mutter Tingleff in einem völlig unbestimmbaren Alter. Manche meinten, sie sei fast hundert Jahre alt. Aber immer stand sie hinter ihrem Ladentisch in dem kleinen Laden, der völlig mit allen Dingen vollgestopft war. Darüber schwebte ein unbeschreiblich toller Geruch. Dieser Geruch nach Gewürzen, Hanftauen, Teer und was sonst noch alles, war alleine den Besuch dieser Institution wert. Das Haus steht noch, aber Mutter Tingleff ist nicht mehr. Aber jetzt legt man ja auch im Yachthafen an und kauft bei Brugsen.
Damals lebte sie jedenfalls noch. Gegen Abend klopfte es an Bord der Lisa, und ein Zollbeamter in voller Uniform kam an Bord. Nun war es ja so, daß alle

GURKE

Skipper zu Beginn der Saison ihren gesamten Jahreseinkauf im Transit machten und die überzähligen Mengen im Zollschapp, das gab es auf jedem Boot, unter Verschluß genommen wurden. Dieser Zöllner war einer von der giftigen Sorte. "Du hat kein Lustschiff, sondern ein Frachtschiff", stellte er böse ob der großen Menge Flaschen fest. Meine Güte – es war die erste Reise im Jahr! Alles wurde, bis auf die genaue Freimenge, verschlossen und verplombt. Ein großes Papier wurde hergestellt und von beiden Parteien unterschrieben. Da plötzlich, zum ersten und einzigen Mal in vielen Jahrzehnten Segeln in Dänemark, wollte dieser Beamte die Pässe sehen. Stefans Paß, den Paß der Mutter mit dem darin eingetragenen Sohn hatten sie schnell vorgelegt. Da deutete er auf ihre, erst wenige Monate alte Tochter, die in einem Korb im Vorschiff lag und sagte: "Und das da?" Stefan war alles egal, und er sagte zu ihm mit sehr ernstem Gesicht: "Für das da haben wir keinen Paß, das da ist unterwegs geboren." Erst ein Staunen im Gesicht dieses Zöllners, dann zerplatzte es in tausend Falten und er hat laut gelacht, die Plomben abgeschnitten, das Zollpapier zerrissen, und laut lachend hat er herausgeprustet: "Du, du hast frei Verkehr für ganz Dänemark!"

Daraus zu lernen ist: Man muß nur das richtige Wort zur richtigen Zeit finden.

Und es kam alles ganz anders

Stefan hat sich mit seiner ihn immer noch liebenden Ehefrau geeinigt. Nach langen Kämpfen versteht sich. Er darf jetzt segeln mit der offiziellen Genehmigung der Liebsten so oft und so viel, wie er will. Seine Susanne kommt ihn besuchen, fährt auch einmal eine Zeitlang mit, wenn das Wetter danach aussieht, so oft und so viel, wie sie will.

Das Arrangement steht. Die Lisa, Stefans Boot, verläßt Kiel und hat eine gute angenehme Reise durch den großen Belt über Grenå und Skagen nach Kristiansand. Damit es nicht langweilig wird, hat er seinen Schulfreund Ernst mitgenommen. Susanne und Ernst werden mit der Fähre Hirtshals–Kristiansand ihre Rollen tauschen und Ernst wird das Auto nach Kiel fahren. Diese Prozedur dauert einen ganzen Tag, denn Ernst muß morgens abfahren und Susanne kommt am Abend. Stefan ist also alleine und hat Zeit. Nicht für Schwimmbad und Sauna, sondern für das Aufklaren der Lisa.

Zuerst wäscht er das ganze Boot, bläst dazu das Schlauchboot auf und reinigt den Rumpf. Dann poliert er das Ganze. Nun nichts wie los in den Waschsalon und alle schmutzige Wäsche, sogar die Handtücher und die Bett- und Kissenbezüge, gewaschen. Während die Maschinen laufen, schnell an Bord und staubgesaugt und ein Empfangsmenue vorbereitet. So ein Tag kann ganz schön kurz sein! Aber wenige Minuten vor Ankunft der Fähre ist das Werk vollbracht. Die Lisa erstrahlt in frischem Glanz. Stefan ist stolz und freut sich auf die überraschten Blicke seiner Susanne. Dann steht er mit einem kleinen Blumenstrauß in der Hand am Fähranleger.

Und dann kam alles ganz anders. Erstens hat er vergessen, die Relingsstützen vom Salz des Skageraks zu befreien. Die Lola–Bürste und das Wischtuch sind nicht erneuert. Als er gerade die gekühlte Flasche Sekt öffnet und der Kocher auf beiden Flammen läuft, muß er hören: "Du brauchst mich ja gar nicht, du bist der ideale Junggeselle und solltest alleine bleiben. Was soll ich denn hier auf dem Boot?" Stefan versteht die Welt nicht mehr und beschließt, diesen Zustand bei nächster Gelegenheit zu ändern.

Im nächsten Jahr die gleiche Aktion. Nur dieses Mal in Söderköping am Beginn des Götakanals. Ein Auto wird auch nicht benutzt, sondern die Eisenbahn. Stefan hat wieder einen ganzen Tag Zeit.

Da leichter Nieselregen fällt, spart er sich das Waschen des Bootes. Er legt die schmutzige Wäsche in einen Beutel und geht in die Sauna. Das Schwimmen und eine Massage tun ihm gut, und dann belohnt er sich mit einem halb durchgebratenen Steak und sündhaft teurem Bier in einem Restaurant. Dann legt er sich nach den harten

LISA

Anstrengungen zu einem Mittagsschläfchen nieder. Aus dem wird er von seiner ihn immer noch liebenden Susanne geweckt.

Ja, und dann kam alles wieder ganz anders. Der Stefan bekommt den Kopf gewaschen, und wie. Ob er denn glaube, daß sein Eheweib ganz durch Schweden gefahren sei, um hier Wäsche zu waschen, Geschirr zu spülen und vielleicht das Boot noch zu reinigen, und den Teppich zu saugen. Sowas wie ihn dürfe man nicht alleine lassen.

Die Lola–Bürste und das Wischtuch fliegen auch in den Müll. Und wie sehen die Fenster und die Relingsstützen aus? Wieso steht denn noch das Geschirr vom Abendessen auf dem Tisch? "Weil", meint Stefan, "auch in guten Hotels schon abends für das Frühstück eingedeckt wird." Mann oh Mann, die harten Worte, die er hören muß.

Aber Stefan grinst innerlich. Nach vier Saunagängen, einer guten Massage und zwei Stunden Schlaf haut ihn nichts mehr um. Nur seine Susanne, die versteht er überhaupt nicht. Er hatte doch in Kristiansand gelernt und das Gegenteil gemacht. Das war eben auch falsch.

Im Urlaub des nächsten Jahres erfolgt der Crewwechsel in Stockholm. Stefan hat zwei Tage Zeit. Er poliert seine Lisa, saugt den Teppich und wäscht die Relingsstützen, mit der schmutzigen Wäsche beschäftigt er eine Waschmaschine. Dann geht er in die Sauna, und schläft eine Stunde und dann fährt er zum Bahnhof.

Bevor er in den Bus steigt, läuft er noch schnell zur Lisa zurück. Aus dem Vorschiff holt er einen alten Beutel. Darin ist eine Lola–Bürste, ein Wischtuch und ein Geschirrtuch, das lange in den Müll sollte, und alles aus der letzten Saison. Das verteilt er ganz geschickt im Boot und fährt erst dann mit dem Bus.

Diesmal kam alles so, wie er gedacht hatte. Er steht mit einer Rose auf dem Bahnsteig. Er geht mit seiner Susanne in ein Restaurant und erst dann zum Hafen. Susanne zieht nur angewidert eine Augenbraue hoch und feuert, wie geplant, den ganzen Kram in eine Tüte, und Stefan muß sofort zum Müllcontainer damit.

"Ja, ja", sagt die Susanne, "dich kann man nicht alleine lassen, du würdest noch die Pest an Bord holen, aber jetzt bin ich ja da und passe auf." Da kann Stefan nicht folgen, sagt nichts und denkt nur: "Gibt es überhaupt jemanden, der die Frauen versteht?"

Kinder an Bord

Kinder an Bord, darüber sind ganze Bücher geschrieben worden. Stefan denkt gerne an eine Professorin, die gesagt hat, daß es völlig unerheblich ist, ob die Erziehung der kleinen Rangen professionell sei oder nicht, von entscheidender Bedeutung sei viel mehr, daß man seine Kinder liebt und sie das auch merken läßt.

Nun, da hat Stefan keine Schwierigkeiten. Jedes Kind hat seine eigene Koje. Wenn sie, was üblich ist, mit nassen Füßen vom Strand kommen, weil die Gummistiefel ja nicht bis unter die Achseln gehen, dann grinst er. Im übrigen können seine beiden mit vier Jahren schwimmen, sie beherrschen jeden wichtigen Knoten und können mit acht Jahren das Boot auch bei schwerem Wetter auf Kurs halten. Genau genommen sind Stefan die in der Schule erreichten Noten völlig egal. Für ihn ist viel wichtiger, wie seine Kinder mit Freude am Strand und im Wasser toben und auch das Beiboot mit dem kleinen 2 PS' Yamaha gekonnt beherrschen.

So einige Dinge gibt es allerdings, die Stefan in Rage bringen können. So nach dem Auslaufen in Hundested. Als plötzlich aus der Proviantlast, wo die Konserven liegen, merkwürdige Geräusche zu hören sind. Da hatten die beiden Kleinen ein Kätzchen, schwarz mit weißen Pfoten, versteckt. Zum Glück war noch nichts passiert.

Oder in Damp, als plötzlich vor der Lisa auf dem Steg eine Oma, eine Mutter und ein Kind stehen und zwar barfuß. Stefan hat sich sehr gewundert. Er mußte aber zugeben, daß er zwei Kinder hat. Angeblich haben die beiden, weil von der fremden Mutter am Spielen gehindert, die Schuhe der Beschwerdeführer bei ablandigem Wind in Richtung Bagenkop geschickt. Was Stefan versöhnt hat, war, daß die Oma gelacht hat, obwohl sie barfuß nach Kappeln mußte und, daß die Versicherung ohne Nachfragen drei Paar Schuhe bezahlt hat.

Ein Paar Schuhe mußte dann die Bordfrau bezahlen. Das kam so: Die vierjährige Tochter läuft mit einem Schuh und auf dem anderen Bein barfuß auf dem Schiff herum. Man hat gerade Lundeborg verlassen und nun sowas. "Kannst Du nicht auf deine Schuhe aufpassen? Was sollen wir nur mit einem?" Sie zürnte sehr und schmiß den Schuh, oh welche Umweltverschmutzung, über Bord. In Omö, kurz nach dem Festmachen, findet sie den fehlenden Schuh. Den hat sie dann voller Zorn bei ablandigem Wind ebenfalls in die See geworfen.

Stefan vergißt auch nicht das gemeinsame Frühstück an Bord, wobei seiner Tochter die Augen aus den Höhlen traten, als sie voller Genuß ihre Milch trank. Wie sieht man schon aus, wenn der Bruder eine kleine Tomate in die Milch getan hat?

Warum auch heute noch auf der Lisa in den Behältern, auf denen Salz steht, feiner weißer Zucker ist und umgekehrt, verstehen Nichtwisser sowieso nicht. Das hat auch einige Überraschungen bei der Zubereitung von Mahlzeiten gekostet, bis Stefan und seine Frau das begriffen hatten.

Stefan hat beinahe die Lisa verkauft, weil offenbar bei der Herstellung des Bootes irgendeine Substanz verbaut worden ist, die infernalisch stinkt. Zum Glück hat er rechtzeitig die nicht mehr ganz frischen Sandwürmer in der Bilge gefunden.

Vergessen hat Stefan auch nicht, als er bei viel Wind in Aarösund ein so miserables Hafenmanöver gefahren hat, daß er bis Middelfart weitergefahren ist. Wer würde denn schon verstehen, daß ein sechser Legostein mit Erfolg verhindert hat, daß die Schraube rückwärts drehen kann.

Stefan wird auch nie verstehen, wie seine Kinder sich in den Häfen mit dänischen und schwedischen Kindern verständigt haben. Selbst als sie ganz klein waren, hatten die niemals Schwierigkeiten miteinander.

Stefan tat sich da schon schwerer, wenn die lieben Kleinen mit anderen Eignern einen Kindertausch vereinbarten und er plötzlich zwei wildfremde schwedische Gören an Bord hatte. Nur sehr gewundert hat er sich, wenn er von den Gasteltern dann

BERL

gehört hat, was für wohlerzogene Kinder er habe. Das Kompliment konnte er meistens zurückgeben. Die anderen Eltern hatten dann auch ihre Schwierigkeiten, dem Stefan zu glauben.

Aus Bandholm mußte er allerdings einmal vorzeitig abfahren. Ein Eigner, zugegebener Maßen recht knatterich, hat an dem lauten Badeleben von Stefan und seinen Kindern Anstoß genommen. Der kam aus Berlin, meinte der Sohn, zumindest hörte der sich so an. Jedenfalls haben die beiden entzückenden Kleinen in zwei Plastiktüten einige Kilo Marienkäfer gesammelt. Als der Berliner gerade mal nicht an Bord war, haben sie die gesamte Ladung in dessen Cockpit entleert. Stefan hat das nicht gesehen, aber seine ihn liebende Bordfrau. Sie hat dann auch empfohlen, ganz schnell durch den Guldborgsund zu entschwinden.

Alle möglichen Wissenschaftler und einige sonstige Wichtigtuer haben über Kinder an Bord geschrieben. Wann endlich schreibt 'mal einer über Eltern mit Kindern an Bord?

Die Jugendgruppe

Stefan meint, er muß sich etwas mehr um das Clubleben verdient machen. Bei der nächsten gemeinsamen Geschwaderfahrt hat er dann, außer seinem Sohn im Alter von siebzehn Jahren, auch zwei gleichaltrige Knaben aus der Jugendgruppe an Bord. Im Zielhafen ist eine gemeinsame Tanzveranstaltung angesagt.
Da Stefan auch noch seine Frau und Tochter, sowie seinen Schwager mit Frau und Tochter an Bord hat, bringt er der Jugendgruppe nicht die nötige Aufmerksamkeit entgegen. Das hätte er aber unbedingt tun sollen. Die nämlich nehmen an dem gemeinsamen Essen teil und verdrücken sich dann. So ein Tanzfest finden sie ätzend. Jedenfalls sammelt sich die ganze Jugendabteilung auf einem dafür geeigneten etwas größerem Boot. Dessen Eigner, da selbst zwei Söhne dabei, hat das großzügig gestattet. Er hätte allerdings gut daran getan, den jungen Leuten zu erklären, daß der an Bord befindliche Wodka über einen erheblich höheren Alkoholgehalt verfügt, als es normal üblich ist. Jedenfalls hat das Jungvolk genau diesem Wodka ausgiebig zugesprochen.
Da an Bord der Lisa nicht genug Platz für alle Gäste vorhanden ist, schlafen die Jungen in einem Zelt. Irgendwann im Laufe der Nacht wird Stefan von

seiner, ihn liebenden, Bordfrau sehr nachdrücklich daran erinnert, daß er sich um die jungen Männer zu kümmern habe. Mit großer Mühe fängt er die drei seiner Obhut anvertrauten Bengels dann auch ein. Er führt sie zum Zelt und scheucht sie auf die Luftmatratzen und in die Schlafsäcke.

Na ja, die frische Luft und das plötzliche stille Liegen, das war es ja nicht, was den Knaben behagte. Schon will der erste aus dem Zelt. Aber Stefan ist unerbittlich. Inzwischen riecht es aus dem Zelt schon etwas streng. Einer ist überhaupt nicht zur Ruhe zu bringen. Immer wieder will er ins Freie. Aber da steht Stefan, voller Zorn, und irgendwann rutscht ihm die Hand aus. Endlich kehrt Ruhe ein. Der Mond ist hinter einem Wald aufgegangen. Stefan sieht das zwar, aber ihm ist kalt, und er will in seine Koje.

Am nächsten Morgen ist er schon früh auf den Beinen und eilt zum Zelt. Aber die warme Sonne hat die Insassen schon aufgescheucht. Einer steht sogar splitterfasernackt im kalten Wasser. "Meine Güte", sagt Stefan, "was machst du denn in dem kalten Wasser?" "Ja", sagt der, "ich mußte heute Nacht dringend noch einmal für ein größeres Geschäft auf die Toilette. Aber jedesmal, wenn ich raus wollte, stand da einer und hat mir links und rechts was an die Klappe gehauen. Na ja, und dann bin ich eben drinnen draußen gewesen."

Keiner der jungen Männer und auch Stefan, der sich die Vorwürfe seiner Frau anhören mußte, hat Schaden genommen. Aber heute, nach vielen Jahren, ist im Kreis der gleichen Männer auf Anhieb eine Menge Heiterkeit angesagt, wenn die Rede auf das Zelt kommt. Daß allerdings Stefans Bordfrau zum Frühstück Brotsuppe und einen Gammeldansk als Aperitif serviert hat, haben alle bis heute nicht vergessen.

Gäste an Bord I

Stefan liebt seine Frau, sein Boot und das Segeln. Zwar nicht immer in dieser Reihenfolge, aber immerhin ... .

Nun wissen von seinen Freuden eine ganze Anzahl netter Menschen, und die wollen "so etwas" auch einmal erleben. So bleibt es nicht aus, daß auf der Lisa immer einmal wieder Gäste an Bord sind. Stefan hat diese Gäste selten zu sich auf das Boot gebeten. Meistens haben diese lieben Menschen sich selbst eingeladen, und Stefan hat sich nicht getraut, laut genug "nein" zu sagen.
Das fing schon an, als Stefan mit seinen kleinen Kindern bei schönem Wetter ein Wochenende in Schilksee blieb. Wie oft standen plötzlich fast wildfremde oder auch besser bekannte Menschen vor dem Boot. So nach dem Motto: "Hallo, freut ihr euch nur richtig, denn wir wollen euch den sicher langweiligen Nachmittag verbringen helfen." Stefan war es mit seiner Familie nie langweilig, und er freute sich auf die wenigen gemeinsamen Stunden, die man zusammen verbringen durfte. Alles vorbei – er muß Kuchen holen, und wenn der ungebetene Besuch vor dem Abendessen ging, hatten er und seine Susanne Glück gehabt.

Was haben die beiden versucht, um ungestört bleiben zu können! Selbst das Verstecken unter Deck hat nur wenig geholfen. Und dann die blöden Sprüche, die zu hören sind. Der dämlichste ist: "Wir stören doch nicht, oder?" (Natürlich stört ihr sehr.) "Sie wollten doch nicht gerade einen Mittagsschlaf machen?" (Natürlich wollte Stefan das. Er hatte den Kindern sogar eine Runde Minigolf spendiert.)

Große Freude löste gelegentlich auch der Besuch eines Kunden aus. Vor allen Dingen dann, wenn er sagte, er hätte bei diesem schönen Boot mitbezahlt. Selbst bei schlechtem Wetter ist Stefan mit seiner Familie sofort nach dem Eintreffen in Schilksee ausgelaufen und weggesegelt und wenn es nur bis Wendtorf war.

Jedesmal hat er sich gefreut, wenn in der nächsten Woche irgend jemand zu ihm sagte: "Wir wollten Sie in Schilksee besuchen, aber leider war Ihr Boot nicht da." Darauf hat Stefan geantwortet: "Das ist ja sehr schade, meine Frau und ich hätten uns sehr gefreut!" Als seine Susanne das einmal gehört hat, bekam sie einen schlimmen Hustenanfall.

ISA

Gäste an Bord II

Neben den schon beschriebenen Wochenendverderbern gibt es Gäste an Bord, die zum Segeln kommen. Meistens haben die sich auch selber eingeladen.

Zu unterscheiden ist dann nur noch nach Tagestörns und Fahrten mit Übernachtung. Natürlich liebt Stefan das Segeln sehr und hat auch Freude daran, andere Menschen für seinen Sport zu begeistern. Auf Tagesreisen hat er im Laufe der Jahrzehnte eine ganze Menge Erfahrung sammeln können. Meistens waren es gute. Oftmals allerdings ist ihm einiges erspart geblieben, weil schlechtes Wetter war und seine Gäste ganz einfach nicht gekommen sind. Die haben dann nicht einmal abgesagt, und Stefan hat den Tag an Bord wartend verbracht. Draußen hat ein Ostwind zwischen vier und fünf bei strahlendem Sonnenschein die Segelboote über die blauen Wellen gejagt. Stefan war stinksauer und hat sich sehr über seine ausgebliebenen Gäste gewundert. Gerade die legen ansonsten großen Wert auf Höflichkeitsformen.

Aber er hat auch fröhliche Stunden mit netten Menschen verbracht. Hier und da war eine Segeltour mit der Lisa der Auslöser zum Kauf eines eigenen Schiffes. Über Nacht haben Stefan und seine Susanne höchst selten Gäste eingeladen. Als die Kinder noch an Bord waren, kam das überhaupt nicht in Frage. Für das Boot haben alle hier und da ein Opfer bringen müssen, und so war es selbstverständlich, die wenigen freien Tage gemeinsam zu verbringen.

Ausnahmen wurden zu den Himmelfahrtstagen zugelassen, um den Helfern im Winterlager ein kleines Dankeschön zu sagen. Zuerst war das vom Mittwochabend bis zum Donnerstagabend. Weil aber so fleißig im Winter gearbeitet worden war, wurde der Reiseplan von Mittwochabend bis zum Sonntagabend ausgedehnt. Da aber die Arbeit immer mehr ausgedehnt wurde, mußte auch das Dankeschön etwas üppiger ausfallen. Sodann wurde vom Freitagabend der Vorwoche ganze zehn Tage bis zum Sonntag gesegelt. Stefan hat eine ganze Weile gebraucht, um seiner Susanne die Notwendigkeit solcher Reisen zu erklären.

Irgendwann wurden diese Törns ein fester Bestandteil in der Jahresplanung. Diese zehn Tage wurden segelnd verbracht und jeder fand das normal. Nachdem die neue Lisa ein Kunststoffboot wurde und damit die Winterarbeit wegfiel, änderte sich an der Himmelfahrtstour überhaupt nichts. Diese handverlesene Crew blieb über Jahrzehnte die gleiche. Absagen hat Stefan nie bekommen.

Nun gibt es aber auch Situationen, in denen Stefan nicht mehr ablehnen kann, wenn der Wunsch nach einem Wochenendtörn an ihn herangetragen wird. Seit die Kinder nicht mehr mitsegeln, ist das einige

Male vorgekommen. Waren die Gäste selber Segler, war es eine gute Reise. Aber wehe, es waren Landratten und zum ersten Mal auf einem Boot ... . Aber das ist eine Geschichte für sich.

Gäste an Bord III

Diese Geschichte sollte eigentlich nicht geschrieben werden, weil sie nicht passieren durfte. Aber sie nahm ihren Lauf, und wie man da hineingerutscht ist, wissen weder Stefan noch seine liebe Susanne.

Da kommen aus der Gegend von Köln die Eheleute Werner und Dietlinde und stehen bei der Susanne vor der Tür. Eigentlich sind die beiden ganz nett und so war die Segeleinladung dann auch zustande gekommen. Vorsichtshalber wollte man sich in der Wohnung und nicht an Bord treffen.
Nun stehen sie vor der Tür mit zwei riesigen Kleiderkoffern, einem Make-up-Koffer und einem weiteren Koffer mit einer Kameraausrüstung. Nun denn, sie waren ja noch niemals auf einem Segelboot von fast elf Metern Länge. "Meine Güte", denkt Stefan, "das sind beides Sportler, und jetzt kommen die hier an, als ginge es auf eine Kreuzfahrt mit der 'Europa'. So mit Umziehen bei jeder Gelegenheit, den ganzen Tag im Liegestuhl und einem Drink in der Hand."
Die Susanne hat die Situation gerettet, aber nicht verhindert, daß ihr leicht giftiger Mann sich den Inhalt der Koffer hat zeigen lassen. Er hat daraufhin bestimmt, was in den von ihm zur Verfügung gestellten Segelsack eingepackt wurde. Es spricht für

seine Gäste, daß man mit einiger Verspätung nach Schilksee aufgebrochen ist. Petrus hat ein wenig Sonne scheinen lassen und Rasmus hatte auch nicht so dicke Backen. Die beiden Gäste fanden sich schnell in der Achterkajüte zurecht und waren froh, nur so wenig Gepäck zu haben.

Da die Reise über vier Tage gehen sollte, hatten sie sich eine Umrundung von Seeland mit einem Abstecher nach Anholt und Bornholm vorgestellt. Erst bei einer günstigen Gelegenheit unter vier Augen konnte die feinfühlige Susanne ihren Skipper vom Verlassen des Bootes zurückhalten. Nicht verhindern konnte sie die etwas zu harten Worte bei der Einweisung der beiden Landratten. Stefan glaubt heute noch, daß nichts davon hängengeblieben ist. Er konnte sich auch gleich davon überzeugen, als Werner beim Ablegen, trotz der Ermahnungen, nichts, aber auch gar nichts zu tun, der Lisa einen heftigen Stoß von einem Heckpfahl gab. Er ist eben gut trainierter Sportler. Das Ablegemanöver klappte dann auch überhaupt nicht, die Stegnachbarn grinsten, und Susanne wurde langsam sauer. Stefan murmelte etwas von Einhandsegeln unter sehr erschwerten Bedingungen.

Über die Route und das Tagesziel war auch noch nicht gesprochen worden. Als ersten Hafen schlug Stefan Hörup Hav vor. Da seine Gäste sowieso nicht wußten, wo der lag, stimmten sie zu. "Besser ein guter erster Hafen auf dem Weg nach Anholt", brummte Stefan.

Seine Gäste hatten 600 Kilometer Autofahrt mit etlichen Staus bis Kiel hinter sich, als Stefan die große Genua und das Groß setzte. Ein fröhlicher West von vier Windstärken blähte die Segel, die Lisa legte sich ein wenig auf die Seite und nahm Fahrt auf. Genau so schnell veränderte sich die Dietlinde. Krampfhaft hielt sie sich fest, weil das Boot ja offenbar umzufallen drohte. Stefan gab ihr gleich den Auftrag, ans Ruder zu gehen und bat Susanne um die Überwachung.

Mit Werner trank er erstmal ein Bier. Nach etwa einer Stunde wurde es der Dietlinde gar sehr schlecht und sie gab dem Werner das Ruder. Stefan achtete auf den Rudergänger, Susanne tröstete die Dietlinde und hielt die über der Reling hängende fest. "Wahrscheinlich hat sie auf der Autoreise etwas falsches gegessen", meinte Stefan und schlug als neues Ziel Maasholm vor. Das wurde schnell erreicht. Am nächsten Tag wurde dann Hörup Hav angelaufen, und über Damp ging es wieder nach Kiel.

Ganz lustig war noch wie Werner, trotz vieler Erklärungen, mit seiner Dietlinde die große Genua ohne Hilfe setzen wollte. Man glaubt ja gar nicht, wie blöde ein verkehrt herum gesetztes Segel aussieht, wenn das Schothorn in Masthöhe durch die Gegend flattert. Den verstopften Lokus hat Stefan am nächsten Wochenende repariert. Genau so lange hat er versucht zu begreifen, was Landratten dazu bewegt, sich auf ein Segelboot zu begeben. Stefans Lisa ist kein Sportgerät wie ein Trampolin und wenn man nur

Gaudi und Spaß haben will, ist man hier falsch. Er erwartet wohl einfach zu viel. Seine Lisa ist kein Lustboot, sondern sein Zuhause!

Viel mitbekommen haben seine Gäste ohnehin nicht, denn das etwas rauhe Ostseeklima hatte offenbar eine Schlafkrankheit ausgelöst. Von Anholt und Bornholm haben sie nicht mehr gesprochen, und wiedergekommen sind sie auch nicht.

Segeln mit Töchtern

Eigentlich wollte Stefan nur Söhne, und nun liegt da in der Wiege ein kleines Mädchen mit viel zu großen Augen und wenigen schwarzen Haaren.

Er sieht dieses kleine, zarte Menschenkind, und schon ist es geschehen. Er beschließt, dieses Kind immer und überall zu beschützen und zu behüten. Die Welt ist für seine Tochter doch viel zu schlecht.

Die Verantwortung raubt ihm in der ersten Nacht den Schlaf. Aber das ist es nicht, was geschehen ist! Dieses kleine, zarte und noch, bis auf das Geschrei, stumme Töchterchen hat schon am ersten Tag ihren Papa um den Finger gewickelt. Das wird auch so bleiben, nur später merkt der Papa das gelegentlich. Die erste Zeit an Bord ist da nun ein zusätzlicher Wäschekorb mit einem Baby. Sehr bereitwillig ändert der Skipper den Kurs so, daß das Boot ruhiger in der See liegt, wenn sein Augenstern gefüttert wird.

Als das Töchterchen anfängt zu laufen, bekommt sie eine "Hundeleine", damit sie nicht über Bord geht. Als die Kleine in Schleimünde plötzlich verschwunden ist und man sie fröhlich spattelnd, bis zu den

Achseln im Wasser hängend, findet, merkt Stefan zum ersten Mal, daß es mit Töchtern und dem Beschützen gar nicht so einfach wird.

Mit drei Jahren will das Mädchen die "Hundeleine" nicht mehr tragen und bekommt eine sichere Schwimmweste. Mit vier kann sie schon schwimmen und erschreckt alle Bootsbesatzungen in der Nachbarschaft, wenn sie so tut, als würde sie über Bord fallen.

Im Alter von fünf Jahren darf sie schon einmal ein Wochenende mit Vatern alleine segeln. Susanne, das den Stefan immer noch liebende Eheweib, ist heilfroh, die beiden zwei Tage los zu sein.

Vater und Tochter sind so stolz, einmal alleine lossegeln zu dürfen, daß sie den Wetterbericht versäumen. Da gerade ein Sturm über die westliche Ostsee fegt, legt man bei viel Wind in Maasholm an. Stefan hat seine Tochter kurz vorher noch einmal genau eingewiesen und das Manöver besprochen. Als aber Sigrid, so hat man das kleine Wesen getauft, in Ölzeug und Schwimmweste auf dem Vorschiff stehend, einem hilfsbereiten Segler die Vorleine an den Kopf wirft und dabei laut sagt: "Nehmen Sie bitte die Vorleine und halten Sie das Schiff ab, denn ich bin dazu zu schwach", da hat der arme Kerl zwar gehorcht, aber wie er hinterher sagt, wäre er einem fürchterlichen Schock erlegen.

Mit sechs Jahren kann Sigrid den Kurs bestimmen, und sie kommt in die Schule. Da geht sie noch gerne hin, weil sie sowieso alles schon kann, was die anderen noch lernen müssen. Dann kommt die für Stefan herrliche Zeit der Grundschule. Der einzige Wermutstropfen ist die Verpflichtung, die jährliche Urlaubsreise in den Sommerferien antreten zu müssen. Inzwischen kennen alle Hafenmeister der Ostsee die Sigrid von der Lisa. Bereitwillig akzeptieren alle die Länge von 8 Metern, womit die Lisa um 2,5 Meter geschrumpft ist.

Die Geschichte über eine hastig einberufene Versammlung aller Hafenmeister, bei der Sigrid zum schlechterzogensten Gör der gesamten Ostsee einschließlich des Finnischen Meerbusens und des Skageraks gewählt wurde, ist eine üble Verleumdung. Das waren nur drei Hafenchefs.

Mit zehn Jahren wird Sigrid umgeschult und kommt auf das Gymnasium. Gleichzeitig übernimmt sie bereitwillig die gesamte Decksarbeit. Ebenfalls stellt sie bei allen Jungen auf den anderen Booten einen gewaltigen Mangel an Seemannsschaft fest. Nur Rolfi, dieser ungezügelte Sohn von Karli, wie Stefan meint, den mag sie. Der hat nämlich einen neuen Opti, und den leiht er seiner Freundin bereitwillig aus. Nun sitzt Rolfi oft auf der Mole und sieht seinem Opti hinterher. Und Töchterchen hat den zweiten "Mann" um den Finger gewickelt.

Mit elf Jahren verhilft die Göre ihrem Vater zu einem Schlüsselerlebnis. Seit Jahren bittet Susanne, seine ihn immer noch liebende Ehefrau, den Stefan, seine Tochter zu baden, denn es sei nicht nur ihr Kind. Also badet Stefan seine Tochter, wie immer und übersieht dabei den sich leicht abzeichnenden Busen. Als er aber hören muß: "Das magst du wohl, Vati?", da saust Stefan aus dem Bad, als hätte er sich die Finger verbrannt. Diesen Schlag muß er erst einmal verdauen. Am nächsten Tag liegt der Opti von Rolf im Hafen und die beiden stehen auf der Mole.

Die Schule macht Sigrid überhaupt keinen Spaß mehr, weil sie ätzend ist und alle Lehrer doof sind. Bis auf einen, und der hat ein Segelboot.

An die Zeit zwischen dem fünfzehnten und dem neunzehnten Lebensjahr seiner Tochter mag Stefan überhaupt nicht denken. Sein Eheweib Susanne hätte das Gör vermutlich umgebracht, wenn nicht eine biologische Bremse das verhindert hätte. Das geht fast allen Müttern mit Töchtern so, stellt Stefan mit Erstaunen fest, kann es aber irgendwie verstehen.

Das ist auch die Zeit, in der hinter der Lisa eine ganze Flottille von Segelbooten hinterhersegelt. Bei allen ist ein halbwüchsiger Sohn an Bord. Das wird etwas weniger, als Stefan im Hafen falsche Zielorte angibt und das UKW–Gerät außer Betrieb setzt.

Das ist auch die Zeit, als ein mit vollständiger Mannschaft besetzter Cupper auf den Steg donnert und nur durch Zufall der Mast oben bleibt. Im Cockpit der Lisa liegen Sigrid und zwei Freundinnen "oben ohne". Das war in diesem Sommer.

Irgendwann und irgendwie, trotz der Lehrer, die keine Ahnung vom Segeln haben, wird das Abitur bestanden. In der Zwischenzeit wird mit Vatern ausgiebig gesegelt und in jedem Jahr gemeinsam der Urlaub verbracht. Stefan weiß manchmal nicht, ob er

49

oder seine Tochter das Kommando an Bord hat. Aber er ist auch stolz auf sie, denn der Beschützerinstinkt der ersten Stunde ist nach wie vor vorhanden. Und Töchterchen ist so klug, immer nur eine Freundin mitzubringen, nie einen jungen Mann.
Aber irgendwann kommt dann dieser Tag und Manfred soll mitsegeln. Es ist Freitagabend und fast schon dunkel, als man Richtung Marstal bei NW 5 ausläuft. Die Lisa legt sich mächtig auf die Backe, als bei Kiel–Feuer der NW schon mit sieben Windstärken bläst, plus Boen, versteht sich. Manfred, der bis dahin ganz anstellig war, wird immer kleiner und opfert Neptun. Sigrid nennt ihren Vater einen Sadisten. Man erreicht gegen 2.30 Uhr Marstal, ißt eine verspätete Mitternachtssuppe. Als der geschundene Manfred dabei erklärt, daß seine Liebe fortan das Segeln sei, fällt dem Skipper das Schnapsglas aus der Hand.
Den Urlaub verbringt die Lisa mit einer Crew, bestehend aus Vater, Mutter, Tochter und Manfred, auf Anholt. Das war noch zu der Zeit, als es richtige Sommer gab. Gemeinsam umwanderten alle, bis auf die kluge Susanne, die Insel. Bei diesem Marsch holte Manfred sich einen gewaltigen Sonnenbrand. Viel später wird er sagen, daß es netter gewesen wäre, ihn darüber aufzuklären, daß nur jene in die Lisa–Crew aufgenommen werden, die vorher ein Überlebenstraining absolviert haben.
Mutter und Tochter, das begreift Stefan überhaupt nicht, verstehen sich inzwischen prima. Zu Hause ist das Reich seiner, ihn immer noch liebenden Susanne, aber an Bord ist jetzt seine Autorität in

Gefahr. Fortan verbündet er sich mit Manfred, was diesem offenbar gefällt. Die Bemerkung von Stefan, daß er, Manfred, eigentlich gar kein so schlechter Kerl sei, daß er seine Tochter verdient hätte, steckt der gelassen weg.
Nun sind die beiden verheiratet. Seine Tochter ist jetzt dreißig. Nachwuchs will sich nicht einstellen. Jedes Jahr wieder ist Sigrid mindestens drei Wochen an Bord, mal mit, mal ohne Manfred, wie der Job es eben zuläßt.
Stefan steht gelegentlich an Bord und denkt an die Jahrzehnte gemeinsamen Lebens und Segelns zurück. Es gefällt ihm mächtig zu sehen, wie seine Tochter älter wird und er jung bleibt.

Der Wundersegler

Da hat Stefan aber an der Bar im Yachtclub einen Segler kennengelernt! Meine Güte, kam er sich klein vor. Alle Manöver unter Segeln machte der. Eine Reise nach Helsinki, hin und zurück, sei eine Sache von 14 Tagen. Und das auch nur, weil man ja Gotland noch besichtigen wollte. Ja, ja, alles mit einer Familiencrew, die ganz toll funktioniert. Jeder hat seine Aufgabe, und die Nächte durchsegeln ist eine große Freude.
Eine Nacht durchsegeln mag Stefan auch einmal, aber Helsinki von Kiel aus – non stop? Und das mit Frau und Kindern! Nun denn, man hat sich kennengelernt. Stefan hat mit den Achseln gezuckt und ist zu seiner Bordfrau nach Hause gegangen. Der hat er aber alles haarklein erzählt, damit sie sieht, wie gut man es auf der "Lisa" hat.

Am nächsten Wochenende bläst ein sehr kräftiger Ostwind. Die Lisa–Crew badet in der Strander Bucht. Ein Auslaufen kommt nicht in Frage. Aber der neue Bekannte aus dem Club kommt unter Genua und ungerefftem Groß in den Hafen gesegelt. Das Leedeck liegt im Wasser. Superaktion! Der Aufschießer klappt sogar, man bräuchte nur die Leinen über den Pfahl zu legen. Aber nein, es sind wohl noch nicht genug Zuschauer. Auf den anderen Bug und raus aus dem Hafen. Nach wenigen Minuten das gleiche Manöver. Und jetzt das Ganze zum dritten Mal. Diesmal ging die Show zu weit! Der Aufschießer klappt überhaupt nicht. Ein Pfahl wird vierkant gerammt, das Boot läuft in die falsche Box und beschädigt ein Nachbarschiff. Inzwischen waren genug Zuschauer da. Die klatschten dann Beifall. Die Weltmeister stehen zwar immer auf dem Steg, aber Stefan hat ihm den Unfall gegönnt.

Wochen später segelt die Lisa, wieder bei Ost, mit Motorhilfe aus der Schlei, als plötzlich von achtern eben genau dieses Boot unter größter Besegelung die Ausfahrt aufkreuzt. Das natürlich zwischen vielen Booten. Die Lisa muß die Schoten loswerfen und den Motor stoppen. Laß ihn bloß weg, diesen Kerl! Nein, er will nicht vor der Lisa kreuzen, sondern genau daneben. Dann zurück und den nächsten Schlag, diesmal vor den Bug. Bei dem ganzen Gekreuze hat er seinen, an viel zu langer Leine hinterhergeschleppten, Opti untergemangelt. Der bremst jetzt ganz gewaltig. Also neben der Lisa eine Halse und mit dem vollgelaufenen Opti zurück in Richtung Maasholm.

Nur drei Wochen später liegt die "Lisa" auf Anholt. Nun war die Crew ja schon erfahren, als das besagte Schiff unter Segeln einlief und nahm deswegen eine erhöhte Position ein. Und richtig, in der ersten ausgesuchten Gasse war kein Platz frei. Auf dem Hinweg schien alles glatt zu gehen, aber dann die Halse ... .

Ein halbes Dutzend Boote knallen gegeneinander und dann werden auf der gegenüberliegenden Seite noch einmal acht Anker aufgesammelt.

Donnerwetter, das waren ja alles "erfolgreiche" Manöver! Wahrscheinlich glaubt der tolle Segler, seine Aktionen müßten so sein. Nein, meint der Lisa-Skipper, dann lieber unter Motor schön langsam in den Hafen und ohne Geschrei und Streß anlegen. Auch wenn er an der Bar nicht mitreden kann.

Hirsholm

Von der Sommerreise 1982 schickte Clubfreund Siggi dem Skipper der Lisa von der Insel Hirsholm eine Ansichtskarte. So eine richtig schöne, auf der das ganze Eiland mit seinem Leuchtturm, den wenigen kleinen Häusern und dem Hafen abgebildet ist. Da mußte Stefan unbedingt hinsegeln. Im Kartentisch, ganz obenauf, liegt die Karte und erinnert ihn daran. Aber die Urlaubsreisen führen in die Ostschären, durch den Götakanal, nach Anholt und sogar nach Läsö. Aber Hirsholm lag nie am Wege. Auch hatte die Bordfrau keine Lust auf so viel Einsamkeit.

Nun endlich, nach 12 Jahren, segelt er von Marstrand über Skagen nach Grena. Da liegt Hirsholm auf der Route. An den Flachs vorbei schiebt sich die Lisa ganz langsam in den Hafen. In der Mitte eine Brücke und auf der Rückseite sogar zwei Pfähle. Paßt genau für die Lisa. Aber was ist das? Es zeigt sich keine Menschenseele. Stefan läuft auf die Ostseite der Insel, da rattert nur ein Generator. Er besucht die kleine, aber abgeschlossene Kirche, inspiziert die rechts und links vom Hafen liegenden Bunker und sieht niemanden. Er klart sein Boot auf und es wird gegessen. Niemand kommt. Auch abends nicht, denn Hafengeld wird nicht gefordert. Zum Glück steht da eine kleine Telefonzelle, und so ruft er erst einmal daheim an. Das Wetter ist gar nicht gut. SE um 7 mit starken Böen sind angesagt. Endlich kommen drei Boote aus Frederikshavn mit 20 Krankenschwestern. Die wollen in einem der Häuser einen bunten Abend veranstalten. Männer sind da nicht zugelassen, und der eine Skipper, Kai heißt er, nimmt eine Einladung auf die Lisa an.

Nun weiß Stefan mehr über die Insel. Nur noch sechs Menschen, 5 Männer und eine Frau, leben ständig hier. Darunter ist eine Art Hausmeister, der für die Instandhaltung aller Gebäude, den Stromgenerator und den Leuchtturm zuständig ist. Und er hat die Polizeigewalt, von der er, wie er später sagt, kaum Gebrauch machen muß.

Die Insel steht unter Naturschutz. Sie ist im Besitz des dänischen Verteidigungsministeriums mit allen Häusern. Die sind zu vermieten, aber nur an Menschen, die eine persönliche Beziehung zu Hirsholm haben. Mindestens muß der Großvater als Lotse oder Fischer dort gelebt haben. Dann kann man sich anmelden und kommt auf die Warteliste. Nur wenn einer stirbt, wird etwas frei, und so waret der Bruder von Kai schon über dreißig Jahre auf eine Zuteilung. Seine Frau ist inzwischen gestorben, und er ist auch schon über sechzig. "Sieh'", sagt er, "wenn der nun doch noch ein Haus bekommt, so wird es ja bald wieder frei. Es sei denn, die Kinder übernehmen es, das geht".

Aber etwas Gutes hat es doch, diese Insel im Militärgewahrsam. Kein Hotel gibt es, keine Ferienhäuser, keine Autos, keinen Kiosk sieht man. Die Insel ist so, wie sie vor hundert Jahren war, erhalten geblieben. Bis auf die beiden häßlichen Bunker. Die Anlandung von Katzen und Hunden ist genau so verboten, wie offenes Feuer oder Blumenpflücken. Seinen Müll soll man wieder mitnehmen. Dafür gibt es einige Spültoiletten und Waschbecken.

Die Lisa bleibt noch eine Nacht. Es wird sehr unsichtig und der Schallsender nimmt seine Funktion auf und bläst aus vier verschieden langen Trichtern einen schönen Akkord. So, als wollte er sagen: Laßt Hirsholm bitte so, wie es ist!!

Die perfekte Bordfrau

Darüber gibt es sogar ein Buch. Aber der Titel meint etwas anderes, als die Stammtischrunde von Männern im Yachtclub.

"Ja", meint Karl, "sie sollte nicht erst den Wetterbericht abwarten, sondern ihm vertrauen. Sie sollte auch nicht erst mit den Bordfrauen der Nachbarn diskutieren, ob das Auslaufen heute sinnvoll ist oder nicht." "Sie sollte vor allen Dingen dafür sorgen, daß auf dem Ritt von Saeby nach Grenå bei Ost um 5 immer eine warme Mahlzeit gereicht wird und hinterher 'ne Muck Kaffee", das sagt Peter. Günter wünscht sich eine, die in den Schleusen des Götakanals auch mehr als einen Meter springen kann, wenn er gerade mal nicht dicht genug herangefahren ist. Unbedingt sollten auch beide Leinen in Windeseile und gleichzeitig von ihr belegt werden. "Na ja und dann", sagt Gerhard, "müsse es ihr wohl gelingen, die Kinder auf so einem kleinen Ritt, wie von Stubbeköbing nach Rönne, ruhig zu halten und sein Kapitänswort über das Verbot der Vokabeln 'wann, wie lange, müssen wir immer noch' mit Nachdruck durchsetzen können." "Wünschenswert", meint Eberhard, "wenn die Frau denn auch noch ausreichende Mittel für ein größeres Schiff mit in die

Ehe bringt. Es wäre ja auch für sie schöner, wenn alles ein bißchen größer wäre. Ruhiger in der See liegt so ein Boot ja auch." Vor allen Dingen sollten Frauen sich nicht so mit der Hygiene anstellen. Die Kinder machen doch auch keine Arbeit. Das Zubereiten der Mahlzeiten und das Sauberhalten des Bootes von innen ist wohl kein Aufwand. Und, was ungeheuer wichtig ist, die perfekte Bordfrau muß zu jeder Zeit und bei jedem Wetter eine unbändige Lust auf Sex verspüren.

Der Skipper der Lisa hockt am Nebentisch und hört schon eine ganze Weile zu. Er ist ein wenig oder auch viel älter als die Knaben am Stammtisch. Als er um seine Meinung zu dem Thema gebeten wird, sagt er in die Runde: "Liebe Freunde, die 'Kahnweiber', wie ihr sie nennt, haben alle ein meistens gut funktionierendes Gehirn. Das hat sich sicher schon in jungen Jahren gezeigt, denn bei einem Vergleich der Zeugnisse würdet ihr vermutlich schlecht abschneiden. Der einzige Fehler ihres Gehirns war, als es zuließ, daß sie einen Segler heiratete. Und den, den hat sie nicht genommen, weil er so toll und so unwiderstehlich war, sondern nur, weil rein zufällig kein besserer Vater für ihre Kinder aufzutreiben war. Das hat eben mit ihren Gefühlen zu tun, die sehr viel mehr ausgeprägt sind, als bei einem Mann. Sie merkt, wann sie ihre Kinder beschützen muß und fühlt, wenn das Wetter umschlägt. Beides zusammen – Intelligenz und Gefühl – verleiht ihr eine bemerkenswerte Beobachtungsgabe und da sieht sie eben ganz genau, wie gut ihr Skipper seine Aufgabe erfüllt oder sehr oft auch nicht erfüllt. Es kann ganz einfach keine perfekte Bordfrau geben, solange die Männer so weit von einem perfekten Skipper entfernt sind."

Seitdem wird Stefan nicht mehr in die Runde geladen. Im Stillen und ganz für sich alleine denkt er: "Sollte eventuell eine Frau der perfekte Skipper sein?"

Der Sicherheitsapostel

Stefans Stegnachbar heißt Egon und sein Boot "Seepferd". Er ist ein ganz netter Kerl, immer bereit zu helfen und jedes Werkzeug hat er auch.

Nur sein "Seepferd" wird langsam zum Lastpferd, denn Egon ist für Sicherheit. Sicherheit für alles, und das ist bei einem Boot eine ganze Menge. Er hat sich zusätzliche Taschen auf seinen Helly Hansen-Anzug nähen lassen, damit er eventuell benötigte Werkzeuge und Ersatzschäkel immer gleich "beim Mann" hat, wie er es nennt. Seine Rettungskragen sind mit langen Peilstangen, Blitzlicht und 100 Meter Leine ausgerüstet und sie hängen so parat, als wenn sie auf Zuruf einem über Bord gegangenen nachhüpfen wollen. Der Mast hat selbstverständlich Stufen bis zum Top und davor ein Stahlseil, damit sich nichts darin verfängt. Sieht aus wie zwei zusätzliche Oberwanten, die eben nur neben dem Mast geführt werden. Von den richtigen Oberwanten hängen daumendicke Kupferkabel außerhalb der Bordwand ins Wasser. Natürlich sind alle Wanten auch untereinander mit Kabeln verbunden. Es könnte ja immerhin einmal der Blitz das "Seepferd" treffen.

Unter Deck hängt im Salon, nach vier Seiten abgespannt, eine riesige Petroleumlampe. Die macht nicht nur Licht, die heizt auch, falls die normale Heizung ausfällt. Da elektrisches Licht bei Egon unerwünscht ist, hat jeder Besucher alsbald eine heiße Birne und schwankende Oberkörperbewegungen. Die muß er machen, weil er ja mal rechts, mal links an diesem Monstrum von Lampe vorbeisehen will, um den einen oder anderen Gesprächspartner hin und wieder zu sehen.

Nun ließe sich die Aufzählung aller nützlichen und sicheren Details noch endlos fortsetzen. Stefan will lieber Egons Bereitschaft für alle Fälle loben.

Bei NE um 5 fällt dem Egon in der Schilkseer Hafeneinfahrt beim Einlaufen der Motor aus. Kein Problem, ein Anker liegt griffbereit, und schon stampft "Seepferd" 25 Meter vor der Steinmole in den hohen Wellen. Stefan hätte nie einen Anker so schnell klar gehabt, aber er wäre auch nie in Versuchung gekommen, ihn zu werfen. Die Fahrt vom Schiff und die schiebenden Wellen hätten seine "Lisa" noch in den Hafen gleiten lassen.

Egon segelt aber auch mal an Anholt vorbei, weil er diesen Anker noch griffbereiter plaziert hat. Leider hat er übersehen, daß sein Kompaß über mehr als 30 Grad abgelenkt wird.

Keiner im Club mag noch zu ihm an Bord, wegen der Lampe und der Enge. Die ist inzwischen so schlimm geworden, daß für seine Frau auch kein Platz mehr vorhanden ist, und sie bleibt daheim.

Nun soll das Boot verkauft werden, und keiner will es haben. "Warum eigentlich nicht?" fragt Egon. Stefan hatte ihm geraten, all' diesen "Mist" wieder abzubauen und den Originalzustand wieder herzustellen. Seitdem spricht Egon nicht mehr mit ihm und Werkzeug leiht er ihm auch nicht mehr.

Rote Grütze

Ein wunderschöner Sommertag. Kein Lüftchen regt sich, also zum Segeln nicht zu brauchen. Die Lisa liegt schon drei Tage in Bagö, und die Crew liegt nur im Wasser.

Stefan hat einen der wenigen Liegeplätze mit Pfahl erwischt. Das soll heißen, er hat sich den am zweiten Tag genommen, denn er wurde frei. Neben der Lisa liegt ein alter, sehr gepflegter Spitzgatter. Mit dem Skipper hat Stefan sofort einen sehr freundlichen Kontakt, und so hört er sehr bald die Geschichte dieses Einhandseglers.

Er hat das Schiff schon mehr als dreißig, ja schon fast vierzig Jahre. Kurz nach der Verlobung mit seiner Helene haben sie alles Geld zusammengelegt und den reparaturbedürftigen, aber doch in der Substanz gesunden Kahn gekauft. Er ist handwerklich sehr geschickt und 'ne Menge guter Freunde hat er auch. Das waren die Voraussetzungen dafür, daß aus dem Kahn in zwei Jahren ein hübsches Boot geworden ist. Wie man unschwer sehen kann, ist es auch heute noch so gut anzusehen, daß immer wieder Menschen auf dem Steg stehenbleiben und bewundernde Blicke auf das Schmuckstück werfen.

Nachdem das Boot fertig war und Helene und er wieder etwas Geld für andere Dinge frei hatten, wurde geheiratet. Ja, drei Kinder haben die Beiden dann gehabt. Alle im Februar geboren. Das mußte so kommen, weil man damals noch keine Heizungen auf Booten hatte. Man rückte eben sehr eng zusammen, denn auch damals schon gab es oft sehr kalte Tage zu Beginn der Saison.

Eigentlich war das Boot für die fünfköpfige Familie viel zu klein. Aber für ein größeres Schiff hat es nie gereicht. Keiner aus der Familie hat darunter gelitten. Im Gegenteil, jeder nahm Rücksicht. "Ja, ja", meint der Skipper, "wir waren eine glückliche Familie." "Wir sind das heute auch noch", meint er, "nur die Kinder sind alle aus dem Haus, und Helene hat zu große Probleme mit den Beinen und kann kaum noch gehen. An Bord kommt sie nur noch einmal im Jahr und unter großen Schmerzen." Aber sie hat Verständnis für ihren Mann. So segelt er ganz bedächtig die Häfen ab, in denen er mit seinen Kindern glücklich war. Die Erinnerungen machen ihn einerseits traurig, andererseits freuen sie ihn auch. Manchmal weiß er nicht, ob er ein bißchen weinen oder ein wenig leise lachen soll. So ist er bei dem schönen Wetter nach Bagö gekommen.

Helene steuert die Sommerreise von daheim aus dem Garten, und Gaby oder Petra, das sind die beiden Töchter, müssen den Skipper abwechselnd besuchen. Helene will das so, und beide freuen sich auch auf ein fröhliches Wochenende. Nur ihre Männer maulen gelegentlich und finden, so ein alter Mann gehört nach Hause – am besten in ein Altersheim. Gabys Mann hat das nur einmal laut gesagt. Da hat sie ihm angeboten, mit den Kindern zu den Eltern zu ziehen und nicht wiederzukommen.

Heute, am Donnerstag, wird auf dem Spitzgatter geputzt und gewienert. Alle Betten liegen zum Lüften auf dem Steg. Ja, ja, Freitag gegen Mittag kommt Petra mit der Fähre und bleibt bis zum Montag.

Petra ist eine hübsche brünette Frau, die im Bikini richtig gut aussieht, und die Crew der Lisa hat schnell Freundschaft geschlossen. Es macht so richtig Freude, den alten Segler und seine Tochter so fröhlich beieinanderzusehen.

Nur am Sonntag morgen, nachdem beide Crews gemeinsam gebadet haben, ist das alles vorbei. Laut schimpfend, alle Töchter dieser Welt verfluchend, hüpft der Skipper des Spitzgatter vor den beiden Schiffen herum. Er baut sich vor der Lisa auf und brüllt: "Seht her, seht her!" Stefans Bordfrau saust aus dem Cockpit in ihre Pantry, als sei der Teufel hinter ihr her und schreit da unten vor Lachen. Stefan versucht mühsam, nicht auch sehr laut zu lachen. Wie sieht der alte Knabe auch aus! Nackter, braungebrannter Oberkörper, wirres Haar vom Baden und bekleidet nur mit einer langen weißen Unterhose. Das alles wäre ja noch nicht schlimm, aber diese Unterhose hat ein langes und ein kurzes Bein. Dazu das wilde Herumgespringe und das wüste Schimpfen auf die Petra.

Diese steht ganz ruhig dabei und mustert den wilden Derwisch. "Ich verstehe das ganze nicht", sagt sie zu Stefan, "er wollte rote Grütze ohne die vielen kleinen Kerne. Ein Sieb zum Durchseihen hat er nicht auf dem Kahn. Was sollte ich machen? Ich hab' das eine Bein abgeschnitten, zugebunden, die Früchte eingefüllt und dann alles ausgedrückt. Jetzt bekommt er seine Grütze so, wie er sie haben will. Das ist doch wohl so eine lächerliche Unterhose wert, oder?"

Das Superboot

Oh weih, da kommt Stefans Clubfreund Manfred mit einer neuen Yacht. Die paßt nur noch ganz knapp in den alten Liegeplatz.
Eine bekannte Werft aus Skandinavien hat das Superschiff gebaut. Und ein Ruderrad hat das Boot! Meine Güte, da muß der Rudergänger stehen, sonst kann er nicht darüber hinwegsehen. Manfred ist ja groß, da geht das. Wenn er dann so in den Hafen einläuft, das Kinn vorgereckt, die Secumar-Rettungsweste über den neuen weißen Elvström–Anzug gezogen, und die Finger spielen mit dem Ruderrad – das sieht schon toll aus. So, als käme das Boot von einer Regatta um die Welt und nicht von Damp. Fast so, wie Nelson in der Schlacht bei Trafalgar. Manfreds Ehefrau steht im gleichen Dress auf dem Vorschiff und spielt mit den Leinen. Ein tolles Boot. Nur etwas stört den Gesamteindruck – die beiden sind über sechzig Jahre alt. Was wollen die bloß mit so einem Renner und dann auch nur zu zweit.? Auf so eine Kiste gehört eine Regattacrew von mindestens sechs Mann!
Jetzt versuchen die Stegnachbarn herauszufinden, warum nicht ein altersgerechtes Boot gekauft worden ist. So gehen die Vermutungen schon sehr weit. Ein Grund könnte die wunderschöne, saubere Ver-

arbeitung der Hölzer im Salon gewesen sein. Der Salon ist denn auch ein Traum in weiß und Kirschholz. Ein anderer Grund könnte ein Jugendtraum sein, der jetzt erst verwirklicht werden konnte. Böse Zungen behaupten, es handle sich um die letzten Zuckungen nach den Wechseljahren.

Aber was soll's, Manfred und seine Bootsfrau sind sehr stolz und zeigen das auch. Die Taufe war nicht so doll und wurde im Clubheim, nicht an Bord, gefeiert. Man hatte wohl Angst um die neuen Polster.

So ganz langsam rücken die Clubfreunde mehr und mehr ab. Genau so, nur in die andere Richtung, trumpft Manfred mehr und mehr auf. Und das alles, obwohl man sich schon Jahrzehnte kennt.

Eines Tages platzt dann auch die Bombe. Ein schöner heißer Tag ist es gewesen. Gegen Abend trifft eine Familie nach der anderen im Yachthafen ein, um noch einmal, nach des Tages Mühen, zu baden. Dann soll im Cockpit gegessen und mit ein paar Bieren nachgespült werden. So auch auf Manfreds neuem Renner. Er kann im Cockpit einen Tisch aufstellen – aber nur, wenn er vorher das Ruderrad entfernt. Das hat die Werft so vorgesehen und das geht schnell. Seine Frau macht das schon mal und legt das Rad in die Kajüte.

Nun will Manfred aber gar nicht essen, sondern segeln, weil eine leichte Brise aufkommt. Natürlich auch wegen der vielen Zuschauer auf den Nachbar-

booten. Er läßt den Motor an, scheucht seine Frau auf das Vorschiff und läßt sie die Vorleinen auf den Steg werfen. Er hängt schnell die Achterleinen auf die Pfähle, und dann gibt er volle Fahrt zurück. Und dann kam er, dieser tierische Schrei: "Wo ist mein Ruderrad?"
So laut hat man im Hafen noch niemals so viele Menschen lachen gehört.

Das Abslippen

Stefan und sein Sohn haben einen ganzen langen Winter an der Lisa gearbeitet. Nun sieht sie wieder aus wie neu. Richtig stolz sind die beiden.

Das Abslippen geht auch ohne Schwierigkeiten. Bis auf eine Menge roter Antifouling, mit der durch die Gurte die schöne weiße Bordwand beschmiert wurde. Immer noch gibt es Skipper, die Antifouling erst kurz vor dem ins Wasser gehen auftragen. Entweder sind die blöde oder bösartig. Wenn Stefan etwas zu verordnen hätte, so müßte Antifouling bis Weihnachten gestrichen sein. So würde die Schweinerei, wie er es nennt, wenn frisch polierte Schiffe durch die Gurte angemalt werden, auf jeden Fall verhindert. In der Hektik findet Stefan den Übeltäter auch nicht. Zum Glück, denn er ist nicht im Training. Zum letzten Mal hat er jemanden verprügelt, als er dreizehn war.

"Mit dem Auf- und Abslippen ist das ja nun mal so eine Sache", würde Klein Ernas Mutter sagen. Ganz erfassen kann das ohnehin nur ein Bootseigner. Brutal und ohne Gefühl hantieren die Kranführer. Jedes kleine Geräusch läßt den Eigner zusammenzucken. Er ist hochsensibel. Kein Wunder, denn in der letzten und meistens auch in der vorletzten Nacht hat er kaum geschlafen. In den kurzen Schlafphasen hat er Alpträume gehabt. So von reißenden Gurten, umkippenden Kränen, abgerissenen Propellern und stürzenden, auseinanderbrechenden Slipwagen. Hat er doch alles schon einmal gesehen oder mindestens davon gehört.

Die Lisa schwimmt. Mit ein wenig Terpentin und Politur ist die verdammte rote Antifouling auch wieder entfernt. Der Mast ist aufgestellt. In Rekordzeit von nur vier Minuten unter dem Kran. Da sollten sich doch die Hornochsen, die vor ihm am Kran lagen, ein Beispiel nehmen. Die fingen erst an, ihren Mast zu suchen und hatten nichts, aber auch wirklich nichts, vorbereitet. Wenn Stefan nicht eingegriffen und geholfen hätte, wären die wohl bis zum Herbst nicht fertig geworden, meint er.

Da alles so gut geklappt hat, na ja, jedenfalls so, wie immer, beschließen Stefan senior und junior diesen angebrochenen Freitag und das Wochenende zusammenzulegen und die erste Tour der Saison zu machen. Die Bordfrau hält sich klugerweise aus allem heraus. Stefan behauptet steif und fest, sie wisse nicht einmal, wo die Lisa überwintert.

So laufen die beiden aus. Der Sliptermin war ja sehr früh, auch das Winterende sehr spät in diesem Jahr. Jedenfalls ist es saukalt, und ab Bülk haben sie gerade noch einen Anleger nach Schleimünde. Wie man so sagt: drei drei drei führt von Bülk in die

Schlei. Ein bißchen durch das Sperrgebiet, aber am Wochenende ist kein Krieg, meint Stefan. Auf Stoller Grund fegt das erste Schneetreiben über die Lisa, und so geht das dann bis Maasholm. Vor lauter Aktionen und wegen der verschiedenen Schichten von Kleidung ist Vater und Sohn nicht mehr kalt.

Kaum ist die Lisa im fast leeren Hafen vertäut, stapfen sie über die Stege voller Möwendreck in Richtung Onkel Anton. Der kalte Wind verteilt wieder eine Fuhre Schnee über den Hafen, als ihnen auf ihrem Weg der Hafenmeister entgegenkommt. Der sieht Stefan und Sohn, man kennt sich ja lange genug, und bleibt stehen, schüttelt sich einmal wie ein ins Wasser gefallener Hund, dreht sich um und geht weg. Dabei sagt er aber sehr laut und deutlich, wohl um den Wind zu übertönen: "Ne, ne, von Verrückten nehme ich kein Geld!" Was soll man nun davon halten?

Augustenburg

Endlich hat Stefan es geschafft, die Lisa vor Ostern ins Wasser zu legen. Das Frühjahr meldete sich auch schon mit annehmbaren Temperaturen. Mit viel Überredungskunst ist es ihm und den Kindern gelungen, die Bordfrau zu einer Osterreise zu überreden.

Karfreitag geht es bis Maasholm und am Sonnabend bis Augustenburg. Am Ostersonntag werden im nahen Wald die Ostereier für die Kinder versteckt. Die Sonne blinzelt dazu, und der ganze Waldboden ist voll von hübschen kleinen, weißen Blumen. Wie die heißen, weiß Stefan natürlich nicht, aber dafür kann er die Position der Sperrgebiet-Tonne 5 aus dem Stegreif hersagen.

Bei jedem Besuch in Augustenburg wandert Stefan mit seiner Bordfrau in den Wald hinter dem Schloß. Die herrlichen und gewaltig großen Buchen müssen besucht werden. Ganz besonders lieben die beiden einen riesigen Baum, zu dessen Füßen eine Bank steht. Seit Jahren nennen sie ihn immer "unseren Baum", und dann sitzen sie auf der Bank, halten Händchen und küssen sich auch mal. Ja, das gibt es noch nach vielen Jahren verheiratet sein.

Auch im Herbst machten sie noch einen Abschiedsbesuch und pflückten dabei auf der anderen Seite der Straße eine ganze Tüte prächtiger Haselnüsse. Weil nicht schon vorher einer da war oder der Wind sie davon geblasen hat, gab es noch genug davon.

Jetzt zu Ostern blüht im Vorgarten bei der hübschen weißen Villa ein Tulpenbaum in voller Pracht. Das Mittagessen gibt es für die ganze Crew im Kro. Die Rückfahrt verläuft auch prima, und alle sind der Meinung: Das war ein Super–Osterfest.

Das ist die Voraussetzung, die gleiche Reise im folgenden Jahr wiederzumachen. Die Hinfahrt ging gerade noch so. Die Bordfrau hatte keine Klagen. Der Wind war flau, und die Heizung funktionierte.
Am Sonntagmorgen steht niemand auf, weil keiner die warme Koje verlassen mag. Stefan erhebt sich schnell, macht die Heizung an und blickt aus dem Fenster. Er sieht nur weiß – weiß bis an die Ufer. Der Fjord ist zugefroren, und darauf hat es dann geschneit.
Die hübschen weißen Blumen sind auch nicht da, der Tulpenbaum denkt noch nicht an das Blühen. Trotzdem laufen sie zu "ihrem Baum". Da, wo er gestanden hat, ist ein tiefes Loch. Die Bank ist zerstört, und eine hochgeklappte riesige Wurzel liegt dort. Ihr Baum ist nicht mehr, er ist umgestürzt. Es ist wohl so, daß der liebe Gott dafür sorgt, daß die Bäume nicht in den Himmel wachsen, wie das Sprichwort sagt.

Stefan und seine Frau sind sehr traurig. In Augustenburg sind sie seither nicht mehr gewesen. Ostern haben sie allerdings auch nie mehr gesegelt.

Die Nordsee

Die alte Lisa war zu klein geworden. Eine neue sollte angeschafft werden. Ein Kunde war auch schon gefunden, und schweren Herzens hat man sich von dem bewährten Schiff getrennt.

Wie sollte das neue Schiff aussehen, und wer sollte es bauen? Da sagt ein Freund: "Fahrt doch mal an die Nordsee und fragt beim Peter Bieritz in Friedrichskoog nach. Der baut gute Schiffe." Dieser Freund, Stefan und sein Sohn machen sich also auf den Weg. Peter Bieritz ist auch da und hat sogar einen sehr hübschen Riß vorliegen. Der Preis ist auch nicht zu hoch, und man bittet sich Bedenkzeit aus.
Es ist noch nicht zu spät, und so werden erst noch frische Krabben gekauft, und man beschließt, irgendwo hinzufahren, wo die Nordsee zu sehen ist. Ist doch auch blöde, an die Westküste zu fahren, ohne die Nordsee zu sehen. Endlich wird ein Parkplatz gefunden. Gegen eisigen Westwind, so Stärke 7, und leichten Sprühregen, der sich wie Eis anfühlt, wird der Deich erstiegen. Nur, wozu das Ganze? Bis dahin, wohin man noch sehen kann, ist grauer Schlick und sonst gar nichts. Die Nordsee ist jedenfalls nicht da.

Nun sagt ja soon dusseliger Ostfriesenwitz, daß die Nordsee sich beim Anblick der ersten Ostfriesen so erschrocken hat, daß sie sich sofort zurückgezogen hat. Nun kommt sie zwei Mal am Tage, um nachzusehen, ob denn die Ostfriesen immer noch da sind. Das ist natürlich nicht sehr nett, was den Ostfriesen angedichtet wird.

Stefan glaubt etwas ganz anderes. Es gibt in der Nordsee kleine und große Inseln, die mit wunderbaren, aber kleinen Häfen versehen sind. Auch am Festland ist nicht viel Platz. Das ist alles so knapp bemessen, daß durch Entscheid der Vorstände der Nordseevereine jedes Jahr eine Unmenge Segler von der Nordsee auf die Ostsee verbannt wird. Ebbe und Flut hat man gleichzeitig auch nur gemacht, um die neugierigen Segler von der Ostsee vom eigenen Revier fernzuhalten.

Stefans Freund Uwe ist ganz anderer Meinung. Er sagt, Ebbe und Flut haben etwas mit dem Mond zu tun. Im übrigen ist das Revier zum Fahrtensegeln so ungeeignet, daß die Nordseesegler freiwillig jedes Jahr die Häfen in der Ostsee überfüllen.

Es ist ja nicht zu glauben, was da alles so geredet wird. Aber dran sein muß da ja wohl was.

Der Passagier

Stefan trifft seinen Freund Uwe, und der sieht so gar nicht glücklich aus. Nach dem fünften Pils fängt der Uwe dann auch an erst stotternd und dann immer flüssiger zu erzählen. Dabei helfen ihm dann auch einige Gammel Dansk.

"Also", sagt er, "wie du weißt, bin ich über Göteborg durch den Götakanal von West nach Ost gefahren. Die meisten fahren ja anders herum, aber ich meine, es ist leichter, den größten Höhenunterschied in den Trollhätten-Schleusen auf einmal zu überwinden, als umgekehrt. Und bergab geht es ja immer leichter." Stefan will gerade sagen, daß er aus vielerlei Gründen nur von Ost nach West fährt, aber er kommt gar nicht zu Wort.

Uwe ist also durch den Kanal und dann nach Stockholm gefahren. Seine Familie war begeistert. Er wollte es auch mit dem Crewwechsel anders machen, als üblich. Nicht die Hinfahrt, sondern die Rücktour sollte eine Männerfahrt werden. Da aber Ferien waren und er nur Segler kennt, hat sich nur der pensionierte Fiete bereit erklärt, nach Stockholm zu fahren. Also verläßt Uwes Familie das Boot und fährt heim. Nur Fiete, der kommt nicht. Nach einigen

Versuchen bekommt Uwe endlich dessen Frau und die meldet, daß ihr Mann im Krankenhaus liegt und nicht kommen kann.

Da sitzt Uwe nun ohne Familie und ohne Fiete. Einhandsegeln ist angesagt und das in den Schären bis Kalmar. Ab dann wird es ja etwas einfacher. Uwe macht sich also auf den Weg und ankert an einer Schäre in der Nähe von Arkösund. Neben ihm liegt ein deutsches Boot mit zwei Paaren darauf.

Irgendwann morgens klopft es an Uwes Boot und eine junge Frau steht davor. Ihr Freund wäre der Skipper des anderen Bootes und sie hatten sich kräftig gezankt. Nun wäre der Freund schon abgesegelt, und ob wohl der Uwe die Maid in die nächste größere Stadt mitnehmen könnte. Na, ja, auf so einer einsamen Schäre kann man ja kein Mädchen stehen lassen, und so segelt man wenig später los. Västervik liegt ganz günstig am Weg.

Das mit Västervik war schon eine gute Idee. Nur, die Maid absetzen konnte Uwe da nicht. In der Aufregung und dem Zorn der Trennung hatte sie alle ihre Sachen mitgenommen, nur nicht ihren Ausweis. Der liegt bei ihrem Freund im Kartenschapp. Also, was blieb dem armen und doch so hilfsbereiten Uwe übrig, als seinen Passagier bis nach Deutschland mitzunehmen.

Wenn er nur nicht so blöde gewesen wäre! Er hatte sich ja auch nichts dabei gedacht, sonst hätte er sich von Ursel, so hieß das Mädchen, nicht erst in

Schilksee getrennt. Er hätte zuerst Laboe oder Strande anlaufen müssen. Jedenfalls stand Uwes Bordfrau am Steg und begrüßte das einlaufende Schiff. Und was Uwe am meisten zu schaffen macht: Seine Frau glaubt die ganze Geschichte nicht!

Gudrun

Stefans Freund Joachim geht noch zur Schule und ist so etwa siebzehn oder achtzehn Jahre alt. Inzwischen sieht er die Mädchen um sich herum mit völlig anderen Augen an. Bisher hat er immer geglaubt, sie würden nur als Schwestern auf der Welt sein, um ihre Brüder zu ärgern. Mit seiner Mutter ist das etwas völlig anderes, denn sie liebt und vergöttert er.

Nun hört er unfreiwillig, aber deshalb um so aufmerksamer, einer Unterhaltung zwischen seinem Großvater und seinem Vater zu. Die beiden können ihn nicht sehen, denn er steht bei offener Tür im Nebenzimmer.
Er hört, wie der Opa den Vater ermahnt, doch darauf zu achten, daß seine Töchter möglichst mit vielen jungen Männern umgehen. Gefährlich für die Tugend der jungen Damen würde es erst werden, wenn immer der gleiche Bengel erscheint. Es sei seit jeher das Problem, daß die jungen Leute immer wieder da anfangen, wo sie das letzte Mal aufgehört hätten.

Da hat der Joachim aber aufgehorcht. Das war ja wie eine Offenbarung. Bisher hatte er einen großen Kreis von Freundinnen. Seine Technik mußte sofort geändert werden!

Die netteste junge Dame in seinem „Harem“, wie er es nannte, war Gudrun. Gudrun war groß, blond, sportlich, zwei Jahre jünger und besuchte das gleiche Gymnasium wie Joachim. Nur zwei Klassen tiefer und mit einer Schwäche in Latein. Da konnte Joachim helfen und begann mit dem Nachhilfeunterricht.

Ansonsten hatte sein Großvater recht gehabt. Ganz zaghaft zuerst und dann mit gewagteren Schritten spielten sie mit dem Feuer.

Als Gudruns Eltern einmal nicht zu Hause waren, übernahm sie die Initiative und lud den Joachim ein, sofort zu kommen.

Er hätte nicht kommen sollen!

Aber das sage mal einem achtzehnjährigen, der vor seiner ersten Eroberung steht. In Gudruns Zimmer auf dem Bett, immerhin noch zur Hälfte bekleidet, wurden sie von der Oma erwischt. Sie war keine freundliche alte Dame, denn das Spektakel war groß. Joachim flog raus und bekam über seine Eltern (auch das noch) Hausverbot. Innerhalb von nur einer Woche war Gudrun auf einem Internat in der Schweiz.

Sie haben sich nie wieder gesehen.

Kurz nach der Pensionierung segelt Joachim nach Norden und legt mit seiner „Petra“ in Kalmar an.

Es ist Mai und bisher zu kalt. An diesem Tag aber scheint die Sonne, und es ist erstaunlich warm.

Im Restaurant direkt am Hafen sitzen die Menschen im Freien und winken dem Segler zu.
Joachim sieht den Tankwart, füllt den Dieseltank auf und sucht sich dann ganz gemütlich eine Tonne im ansonsten leeren Hafen.
Wie er mit der Vorleine an Land springen will, steht dort eine Dame und will diese annehmen. Joachim trifft es wie der Blitz. Beinahe vergißt er sein Boot festzumachen, denn da steht sie, seine Freundin Gudrun!
Sie saß im Restaurant, als er vorbeisegelte und hatte ihn sofort erkannt.
Die vielen Jahre, die zwischen ihren Begegnungen liegen, sind vergessen.
Gemeinsam spazieren sie durch das schöne Kalmar. Auf den Straßen gibt es Modenschauen, die Tische und Stühle der Restaurants stehen auch dort, vor dem Dom spielt eine Musikkapelle, und überall sind fröhliche und heitere Menschen.

Gudrun ist Designerin geworden, war beruflich in Växjö und hat einige Urlaubstage angehängt.

Abends besuchen sie ein Konzert im Dom zu Kalmar. Sie besuchen das Schloß und das kleine Schiffahrtsmuseum.
Sie verbringen viel Zeit im Landesmuseum. Dort bestaunen sie die aus der Ostsee geborgenen Schätze von dem gesunkenen königlichen Kriegsschiff „Kronan“ und freuen sich an den Kunstwerken der Jenny Nyström.
Danach speisen sie opulent im Stadthotel.
Zu erzählen gibt es viel.

Am nächsten Tag sind sie mit dem Leihauto auf Öland unterwegs.
Joachim fühlt sich wohl als Fremdenführer.
Zwischen den beiden ist eine starke, angenehme Spannung und Zuneigung. Wie ausgelassene Kinder genießen sie die schöne Landschaft und die wenigen Tage.
Sie werden kaum eine Gelegenheit haben, sich einmal wieder zu treffen.

Im Übrigen hat Joachims Großvater nichts Verkehrtes gesagt:
Man fängt wieder da an, wo man aufgehört hat. Egal, wieviel Zeit dazwischen liegt!

Weihnachtsreise

Eigentlich war der Herbst ganz normal verlaufen. Im September konnte man noch baden, und der Oktober war sonnig und warm.

Auf der Bootsausstellung in Hamburg hatte Stefan mit den einschlägigen Firmen über ein neues Teakdeck für seine Lisa verhandelt.
Die Angebote dafür erhielt er dann so nach und nach im November.
Die Preise waren sehr unterschiedlich, und so hatte Stefan viele Telefonate zu führen. Nicht nur wegen der Kosten, sondern auch wegen der Blaufäule oder wie der Pilz sonst heißen mag, der neuerdings die Teakdecks auch neuer Schiffe unansehnlich macht. So mußte Stefan lernen, daß Teak nicht immer auch Teak ist, denn die Qualitäten sind stark unterschiedlich.

Die Verhandlungen zogen sich hin.
Die Lisa lag in Strande und wartete darauf, ins Winterlager gebracht zu werden.

Anfang Dezember kam es Stefans Arbeitgeber in den Sinn, ihn mit einer wichtigen Aufgabe in Bayern zu beauftragen.

Susanne, die den Stefan immer noch liebende Ehefrau, mußte sich um das neue Deck bemühen.

Sie wurde fündig, und so erhielt eine Werft in Faaborg den Auftrag.
Dort konnte die Lisa auch den Winter in einer Halle verbringen. Das wäre sogar im Preis enthalten. Allerdings müßte das Boot noch vor Weihnachten gebracht werden, weil ab dann bis Anfang Februar die Werft wegen Betriebsferien geschlossen hätte.

Am 20. Dezember erst, an einem Freitag, kam Stefan von seiner Dienstreise zurück. Immerhin stand ein ganzes Wochenende zur Überführung der Lisa nach Faaborg zur Verfügung.
Susanne sollte ihren Skipper mit dem Auto abholen und dazu mit der Fähre von Gelting fahren. Noch am Sonntagabend könnten die beiden dann wieder nach Gelting zurückfahren. Und mit dem guten Gefühl, das Boot sicher untergebracht zu haben, könnte dann am Montag Heiligabend gefeiert werden.

Am Sonnabend, ganz früh am Morgen brachte Susanne ihren Skipper nach Strande. Ein leichter Ostwind hatte in der Nacht die Scheiben des Autos und die Holtenauer Hochbrücke vereisen lassen.

Der „normale" Wetterbericht im Radio sagte geringen Frost, leichte Winde aus östlichen Richtungen und eine Chance auf Schnee von nur zehn Prozent voraus.

Mit klammen Fingern löste Stefan die Leinen. Beim Setzen der Segel zitterte er wegen der ungewohnten Kälte.

Die Batterien waren schwach, und so ließ er den Motor mitlaufen. Nun hatte auch die Heizung genug Strom, um die Feuchtigkeit und Kälte unter Deck zu vertreiben.

Stefan wurde auch wieder wärmer.
Die von Susanne eingepackten Stullen und die warme Brühe schmeckten ihm.
Den Kurs auf Skjoldnaes konnte er gut anlegen.
Er war sehr zufrieden.

Wenn nur der Himmel nicht so böse ausgesehen hätte und das mulmige Gefühl im Bauch nicht gewesen wäre!

Gegen Mittag hatte der Wind auf sieben Beaufort aufgefrischt.
Aus einem dunkelgrauen Himmel wehten feine, weiße Flocken.

Stefan hatte auf dem glatten Deck große Mühe, das erste und wenig später das zweite Reff in das Großsegel zu binden.
Die über das Boot wehende Gischt gefror an Deck und auf dem Aufbau. Der Mast hatte an seiner Leeseite ein Profil aus Schnee und Eis.

Stefan verließ seinen Kurs und steuerte das nahe Mommark an. Nur ganz schwach konnte er im inzwischen kräftigen Schneetreiben das kleine Feuer auf der Mole ausmachen.

Abends um sechs begann ein schwerer Oststurm.

Diese Nacht im unruhigen Hafen von Mommark wird er nie vergessen!

Zum Glück fand sich eine funktionierende Steckdose. Die versorgte den Heizlüfter und das Ladegerät mit Strom.

Gegen neun Uhr am nächsten Morgen hatte der Wind eine Ruhepause nötig. Stefan konnte auslaufen.
Seiner Susanne meldete er seine Weiterfahrt und bestätigte das Treffen in Faaborg.
Unter Motor und dem zweimal gerefften Groß als Stützsegel überquerte die Lisa gegen die immer noch hohen Wellen den kleinen Belt.
Stefan hoffte, bald in die Landabdeckung zu gelangen. Daraus wurde nichts!
Kaum hatte er Skjoldnaes passiert, legte Rasmus wieder los. Diesmal aus ENE und noch wilder, als in der vergangenen Nacht.
Die Sicht wurde durch den neuerlichen Schneefall immer schlechter.

Mit viel Mühe erreichte Stefan mit seiner Lisa den kleinen Hafen von Dyreborg. Inzwischen war aus dem Sturm ein Orkan geworden.
Auf Kanal 16 des UKW-Gerätes war ein Funkverkehr wie im Sommer – nur mit Notmeldungen.
Es dauerte lange, bis Stefan eine Verbindung nach Kiel bekam, aber seine Susanne meldete sich nicht.
Die Nacht kam schnell, der Wind heulte und rüttelte am Rigg.

Am Montag nahm der Wind etwas ab, dafür schneite es um so heftiger. Richtig hell wurde es den ganzen Tag nicht.

Stefan erreichte endlich den Chef der Werft in Faaborg und berichtete von seinem Stop in Dyreborg.

Öffentliche Verkehrsmittel fuhren kaum noch. Alle Fähren hatten den Betrieb eingestellt. Wo war nur seine Susanne?

Stefan saß grübelnd und voller Sorge unter Deck. Die Borduhr glaste zwei mal. Jetzt um fünf Uhr pflegte seine Susanne ihn und die unruhigen Kinder mit der kleinen Weihnachtsglocke zur Bescherung zu rufen. Vor dem Tannenbaum mit den vielen Lichtern sangen sie gemeinsam ein Weihnachtslied. Ja, so war es immer gewesen!
Jetzt lag er mit seiner Lisa im Schneesturm in Dyreborg!

Plötzlich poltert es an Deck, und dann wird an den Aufbau geklopft.
Stefan schreckt auf und hebt die Schotten aus dem Niedergang.
Da wird schon der Reißverschluß der „Kuchenbude“ aufgerissen und eine Figur schlüpft unter die Plane. Dann steht sie vor ihm, seine Susanne, überall mit Schnee bepudert, mit von der Kälte gerötetem Gesicht, ihrem lustigen Lachen und ruft: „Fröhliche Weihnachten!“

Nun konnte auch sie erzählen.
Die Fähre von Gelting fuhr nicht mehr. Zum Glück hatte das Auto Winterreifen, und so war sie über Flensburg bis Middelfahrt gekommen. Ab da ging nichts mehr.

Die Nacht hatte sie bei der Familie des Chefs der örtlichen Polizei verbringen dürfen, denn alle Hotels waren entweder geschlossen oder überfüllt.
Der Mann war auch Segler, und seine Frau war sofort einverstanden gewesen.
Bis Faaborg war sie dann mit Hilfe ihres Gastgebers und hinter einem Schneeflug fahrend gekommen.
Am Tor der Werft hatte ein großes Stück Pappe gehangen, auf dem stand „Lisa ligger in Dyreborg".

Am 25. Dezember, unter Mithilfe etlicher dänischer Segler und bei viel Glühwein und Grog, schlossen sich die Tore der Halle gegen 17.00 Uhr hinter der Lisa.

Erst am 28. Dezember konnte die Rückfahrt angetreten werden. Bis dahin waren Susanne und Stefan Gäste des Werftbesitzers.

Jetzt endlich konnten die Kinder von den Großeltern geholt werden, und gemeinsam feierten sie am 29. Dezember ein etwas verspätetes Weihnachtsfest.

Kamin-Gedanken

Es ist Ende Februar und ein fürchterliches Wetter. So richtig schleswig-holsteinisch, mit viel Regen, durchsetzt mit großen, klebrigen Schneeflocken und von einem starken Nordwest-Sturm in eine Richtung geblasen. Die Temperatur pendelt um den Gefrierpunkt. Eigentlich fehlt nur eine Winddrehung auf Ost, verbunden mit einem Temperatursturz und die nächste Schneekatastrophe wäre perfekt.

Stefan hat am Vormittag nach seiner Lisa gesehen, die Plane und deren Verspannung kontrolliert. Es war alles in Ordnung.
Auch die Nachbarboote hat er überprüft und mußte nur am Dach der „Sindbad" eine Leine neu verknoten.

Seine Susanne ist bei ihrer Freundin in der Nachbarschaft und spielt Bridge.

Stefan ist kalt, und er bringt eine Menge Kälte mit ins Haus. Er hat gar nicht gemerkt, wie er auf dem Winterliegeplatz durchgefroren ist. Nicht einmal auf der kurzen Fahrt im Auto ist er wieder warm geworden. Schnell holt er einen großen Korb voll Holzscheite von der Terrasse und macht im Kamin ein Feuer an.

Er hätte seinen Mantel wieder anziehen sollen, denn in dem kurzen Augenblick im Freien ist er völlig ausgekühlt und auch noch naß geworden.
Ein fürchterlicher Tag. Er hätte im Bett bleiben sollen. Seit er Rentner ist, könnte er ja solchen Wünschen nachgeben. Getan hat er es bisher nie.

Er geht in den Keller und holt sich eine Flasche Rotwein. Nicht irgendeine, sondern eine ganz besondere, die in einem Versteck liegt, das nur der Stefan kennt. Da liegen nur wenige, aber die gönnt er nur sich selbst und seiner Susanne natürlich.

Stefan sieht abwechselnd in die kräftigen Flammen im Kamin und dann in sein Rotweinglas mit dem rubinrot funkelnden Wein.
Der Wein von innen und das herrlich prasselnde Feuer von außen wärmen ihn auf.

Seine Susanne ist immer noch nicht da. Er kommt ins Grübeln.
Wie jung wäre er, wenn all die Stunden und Tage, die ihm keine Freude, sondern eine Last waren, nicht mitgezählt würden!
Das fing schon in der Schule an, als er Dinge lernen mußte, die er nie mehr in seinem Leben gebraucht hat. Als er von Lehrern, zugegeben nur sehr wenigen, unterrichtet wurde, die er nicht nur nicht leiden konnte, sondern gelegentlich gehaßt hat.
Die Stunden im Bunker, wenn rundherum alles in Trümmer fiel.
Die vielen Monate weit weg von Zuhause in der Kinderlandverschickung haben ihm auch nicht gefallen.

Dann hat er einen Beruf erlernt, den er eigentlich nicht ergreifen wollte.
Wie oft hat er Dinge tun müssen, deren Sinn er nicht begreifen konnte.
Seit der ersten Schulstunde bis zu seiner Pensionierung war immer irgend jemand da, der ihm vorgeschrieben hat, was er wann zu machen hatte.
Oft waren das Vorgesetzte oder seine Kunden. Es galt ja Geld zu verdienen, die Familie zu ernähren und sein Hobby, das Segeln, zu finanzieren.
So manches Mal haben neue Vorschriften, Gesetze und Steuern sein Leben schwer gemacht. Die wurden dann auch noch von Menschen gemacht, die weder Verantwortung noch Risiko getragen haben.
Immer wieder hat er auch mit Zeitgenossen umgehen müssen, deren Freude darin bestand, ihren Mitmenschen das Leben zu erschweren.
Wie viele Stunden sind ihm von Quatschköpfen gestohlen worden. Sogar in seinem Segelclub, wenn der Syndikus sich selbst produzierte. Da ist er allerdings nur einmal drauf hereingefallen. Heute steht er auf und geht zum Wirt ins Restaurant. Das muß er sich nicht mehr antun. Zumal dieser Mensch nicht mehr sein Kunde ist.
Aber auch Petrus war nicht immer nett. So manches Mal hat er auf besseres Wetter gewartet und kam in seinen kurzen Urlauben in Zeitnot.
Aber das war ja eigentlich keine schlimme Situation. Waren es nicht gerade die Tage, an denen die ganze Familie unter Deck gesessen, Spiele gespielt oder erzählt hat? Nein, die Tage waren gut.

Gut waren auch die Tage, als der Beruf eine Menge Spaß gemacht und Erfolg gebracht hat. Und dann erst sein Leben mit der ihn immer noch liebenden Susanne. Die kribbelnde Verlobungszeit, die schöne Hochzeit und dann erst die Geburt und das Aufwachsen der Kinder. Die vielen gemeinsamen Reisen, die kleinen Freuden und Erlebnisse und vor allen Dingen das oftmalige und fröhliche gemeinsame Lachen.
Die Tage, Wochen, Jahre und auch kurzen Augenblicke, die zählen natürlich doppelt und dreifach.

Wenn Stefan die alle zum richtigen Wert saldieren würde, so wäre er weit über einhundert Jahre alt. War doch ein dummer Gedanke mit dem Abziehen der eigentlich doch wenigen unangenehmen Tage. Stefan ist zufrieden, wie es ist.

Seine Susanne kommt nach Hause, hat viel zu erzählen und unterbricht seine Gedanken. Ja, mit Susanne ist alles schön. Ein bißchen mehr Freude am Segeln könnte sie allerdings haben.

LISA